禪式生活

釋繼程——著

〔自序〕禪式生活

禪無相無性無住無門無念無心
式可方可圓可大可小可長可短
生非常非斷非苦非樂非忙非閒
活有快有慢有粗有細有禪有淨

序禪式生活

壬寅三月二十六平繼程并題

目錄

卷二 釋放壓力身自在

卷三 呼吸禪風氣清涼

卷四 念念淨土心平安

卷五　實修實證生活禪

卷一

鍛鍊行禪真本領

尋師訪道為參禪

在這個禪堂裡，每年舉辦很多場禪七，有很多同學前來參加禪修課程。在此次禪期一開始，我想先和各位談談，參加禪修的正確心態。

名師和明師

同學們來禪修，這在古代又可稱為「尋師」、「訪道」，想必有人正是抱著尋師的心態而來，既為尋師，當然就要找明師。我不知道這種心態對禪修者好不好，因為從好的方面來看，不論是禪修或學習佛法，都應該找一位好的老師來學習；問題在於我們常常所尋找到的未必是「明師」——擁有真實智慧的老師，而是「名師」——出名的老師。因為我們覺得名師一定很厲害，才會那麼出名。

有許多在家或出家的所謂「名師」，只要辦場活動，參加的人數可能成千上萬。這樣的老師確實很出名，可是出名的「名」師就是高明有智慧的「明師」嗎？未必見得。

反之，有些真正高明的老師，可能一點名氣也沒有，只是被你偶然間發現在某個偏僻的道場，好像有位不錯的老師，結果被老師的智慧折服了，而開始介紹別人也來親近這位老師。這表示你有尋「明師」的慧眼，而非只因某個老師名聲響亮，就興沖沖地去尋「名師」了。

有可能尋「名師」後，你發現這個人只是有空有名氣而已，但也可能覺得他講課真是精彩好聽。為什麼很多名師講課都講得很好聽呢？因為他們都講你們喜歡聽的話——這點是我一直不斷在提醒的。

很多好老師反而讓人覺得難以親近，甚至根本不願親近，原因在於這些老師講的都是我們「應該」聽的話，而這些話往往都不好聽，也就是「忠言逆耳」。可是人們喜歡聽的都是順從自己的喜好、欲望、貪求的話，比如如何求財富、如何官運亨通、如何生意興隆……。如果老師專挑人們喜歡聽的話講，自然有人一窩蜂地去找他，親近之後，也會感到很歡喜，因為這位老師說的都是甜甜的話，是好聽的

「甜言蜜語」。這樣的話人人愛聽，所以這樣的老師會很出名。

而那些去尋「名」師的人，都學到些什麼呢？可能沒去聽課還比較正常些，去了之後反而被鼓動起種種欲望，開始追逐、爭奪許多原本並不欲求的東西。如果因為名師指導而得到了些好處，覺得果然名不虛傳而口耳相傳，「名師」就會更加出名了。這種現象，在現今的社會很普遍。

中國禪宗最興旺的唐代，有盛行「走江湖」的風氣，走江湖是指禪門行者尋師參方，來往於各大禪師門下。當時以馬祖道一、百丈懷海師徒兩代道場所在的「江西」，以及南嶽懷讓及石頭希遷兩大禪師道場所在的「湖南」，這兩地走江湖的風氣最盛。他們的門下弟子，後來也在這一帶紛紛建立叢林道場，吸引大批行者雲聚來此。

行者入叢林，就是為了尋找老師而來。叢林裡若是有高明的老師，這個叢林便會興旺起來，前來學習的行者們，在明師的座下成為傑出的弟子，這些弟子又將法傳播到不同的叢林去，可以說禪宗五宗七派之所以開枝散葉，和走江湖雲遊尋師的風氣有密切的關聯。

在大師輩出的年代，有很多明師值得尋訪、學習。當時的人為了尋師，歷經千辛萬苦翻山越嶺、跋山涉水，整個尋訪行程困難重重，讓人感覺他們找老師的心態誠意十足。以禪宗六祖惠能大師為例，他在客棧裡偶然聽到客人誦讀《金剛經》，因而若有所悟，經那位客人的鼓勵與贊助，從韶關起程，即今廣東省的廣州嶺南一帶，步行至湖北省黃梅縣，來到五祖祖庭。這段距離在現在看來似乎不遠，坐高鐵來往兩地，大概幾個鐘頭就能抵達，但惠能大師當年可是一步一步地翻山越嶺前往，這麼一想，六祖真是為了尋師而去，一心想要找到好老師學習。

當然，我們現在搭高鐵只要幾個鐘頭就可抵達五祖寺，這段尋師的歷程似乎變得「沒什麼」了。而這感受是一種事相，說明時代在變，我們已跳脫那個時代，而有屬於這個時代的現象和作法。我們若因此覺得當時的人尋師沒什麼，那麼我們便失去了尋師的古味，也就是它的初衷。所以，重點不在尋師過程的交通艱辛與否，而是要回到初衷，回到我們自身的心態——我們真是為尋師而來嗎？

什麼樣的老師讓我們願意不遠千里而來向他學習？我們所找的老師，只因為他很出名就深信不疑；還是因為他的智慧能啟發我們學習？區辨這兩者所隱含的心態，非常重要。

如何尋師訪道

禪修既是「尋師」，也是「訪道」，而後者的重要性更甚於前者。「道」，是正道，是佛法。我們來此訪道，也就是來這裡學習佛法，「師」扮演著一個很重要的角色，而「道」，從佛法的角度來說，則是無所不在的。

既然道無所不在，那要如何訪、怎麼學呢？以法鼓山為例，這個地方被稱為「道場」，也就是有正道、能修道的空間，只要來此便隨處都能沾染到「道風」。雖然這裡是道場，但有時也會成為旅遊景點，例如假日有不少人來這裡走走看看，享受此地的空氣與寧靜，或是欣賞建築之美，或是體驗安詳的氣氛。這些人來的時候，未必抱著訪道、修道的心態，但即使不是為訪道而來，走時總是會沾染一些道風回去，因為法鼓山的設計，就是要讓人不管走到哪，都是在道場裡，方便的話，還可以請些佛書或小禮品回去和人結緣，這些點點滴滴都帶有道的氣息，於是潛移默化間，有的人就開始學習佛法了。

大家來此，是來學習佛法，是為求道而來。如果是抱著這樣的學習心態，「道」的空間就會變得寬廣，即使你到別的道場參加禪修，只要能把心態放寬，知道自己是為尋求正道而來，而那個地方又是個有正法、正道的空間，你就能藉著這樣的因緣來修行了。

其實，古代那些尋師訪道的人，有時也並非是為了某個老師而去，因為有些叢林的道風雖然非常興盛，卻不見得有什麼高明的老師，或即使有明師也未必和求道者相應。你可能以為老師若是高明、有智慧，去了一定就和他相應，其實不一定。你聽了課後可能反而覺得：「老師講的話怎麼聽來都有些刺耳呢？」如果你起了煩惱心，道心就不見了！但如果你是想：「不管老師說的話好不好聽，我就是來用功修行的。」那就沒事了。

有些人來到某個道場用功修行，是為了訪道，而非為了某位老師；有些人深入某個深山的道場裡修行，則是因為他們喜歡深山的氣氛與道風，即使沒有駐錫什麼了不得的禪師，但他和此地的道風相應了，藉由這樣的因緣，也可以在此修得非常好。

因此，大家來參加這個課程，就要抱持這樣的心態：「我是為尋師而來，要找一位好老師帶領我用功。」同時，我們既然有這個因緣來此修行，這就是我們修道的因緣，必須把握這個因緣，好好用功。

做為一位尋師訪道的禪眾，不能興沖沖地突然跑去禪修，本身需要具備一些先決條件。從前的叢林非常嚴格，如果沒有打好基礎工夫，根本進不了禪堂。因為叢林的禪堂一進去，大門一關就是要坐香，所以禪堂裡有個職位叫「監香」，工作就是把香插上，時不時地張開眼睛看香燒完了沒，也可以說監香就是計時員。現在的監香職務可能多了些，計算時間只是其一，不過說到叢林的監香，還是以計時為主要職務。

香又分長香與短香，長香大約一個時辰，也就是兩小時，短香則是一個小時。試想你如果坐十五分鐘腿就痛了，還敢進禪堂嗎？從前的禪堂可是一進去門就栓上，你出不來的，不像我們這裡有這麼多道門，真坐不下去，還可以溜之大吉，從前的禪堂想開溜，你得要先開門，得在許多禪堂執事們的眼皮子底下開門，這麼多人盯著你瞧，你敢開嗎？開了門後還敢進來嗎？雖然短香只有一個小時，也許牙一咬就過去了，問題是你撐得過兩小時的長香嗎？禪堂巡香師們的眼睛，可是很利的。

從前的禪堂基本上沒有窗口，門一關上，裡頭就一片全暗，但不知為何禪堂執事們的眼睛都特別利，能一眼瞧見你在那兒打瞌睡、搬腳什麼的，巡香師馬上就是香板伺候。禪堂之所以需要香板，就是要監督同學好好用功，在這樣的要求下，若是沒有一點工夫，是根本進不了禪堂的。

現代的禪堂為了法門的推廣，要求放寬了許多。許多人平時在家並沒有打坐的習慣，來到禪堂後，就是一支香、一支香地撐，或是一支香、一支香地睡。昨天有幾位同學來找我喝茶，說今天要來禪堂報到，我回說：「你們要開始來補眠了。」很多人一整年都沒有好好睡覺，來打七就是要來補眠，而我們現在香板也打得少了，意思就是需要補眠的同學，我們就讓他好好補眠，看要補三天，甚至七天都可以。有些同學工夫比較好，補個兩天就夠了，有些同學則是連補七天都不夠，因為他們平日非常忙碌，身心狀態太過疲累，進禪堂的首要之務就是要好好休息。

其實禪堂真的比寮房好睡，甚至比你們的住家都好睡，在家翻來覆去就是睡不著，但在禪堂一坐下，第二個念頭都還沒開始轉，人就已經睡著了。這是因為禪堂內的氣氛很放鬆，一進來就感覺特別好睡，一禪坐就很自然地睡著了。如果有這種情況，請不要客氣，就好好補眠吧！但要知道，這種情況在從前叢林的禪堂裡，是絕不允許的。首先，你沒有做好準備工夫根本進不去，即使進得去也會非常辛苦，坐沒幾支香就想翻牆逃跑，補眠一事更是絕不允許。由於每一位禪眾都知道禪堂的規矩非常嚴格，必定事先做足了準備的工夫，才敢進禪堂。

抱持用功的心態

反觀我們現在雖然把條件放得很寬，但大家還是要抱著尋師訪道的心態而來。來此禪修就是希望親近一位好的老師、親近一個好的道場，在方法的引導與共修的氣氛下，好好用功。當我們抱著這樣的心態，就會珍惜這個因緣，畢竟要來參加一回禪七並不容易，一方面得排出時間，另一方面也不一定報得到名，有些同學甚至報到名卻來不了，各種情形都是有的。

所以每一回的因緣具足，讓我們得以進到禪堂參與課程，都要抱著這樣的心理：「我是為正法、正道的修行而來。」如此，就會格外珍惜修道的因緣，而珍惜修道因緣的具體作法，其實只要做好一件事——來用功，把心簡化到「我就是來用功」。

各位只要好好地用方法，不斷地練習，其他所有的事都萬緣放下。至於來補眠的同學，也要用這種心態來補；如果發現進禪堂後一直在打妄念，也要用這種心態來打，然後不斷地回到方法上，如此就是在練習方法。換句話說，應該休息放鬆的時候，就好好休息，打妄念的時候，只要不斷地把心拉回到方法上，不要讓妄念帶走你的心就好。

如果能以這樣的心態來用功，你會發現方法一定用得比平時更好，因為這種密集課程的目的，就是為了幫助大家更凝聚地用功。但如果你抱著太多的目標、想法進禪堂，這些反而都會變成負擔，最後你將發現只會讓你更累，最後拖著一個疲累的身子回家。如果你把這些通通放下，只用一個很簡單的心態——我是來用功的，用功就是好好地練習方法，就能放鬆身心，把自己該做的禪修功課做好。

磨利根器

中國佛教的大寺院稱為「叢林」，而叢林的心臟部位，即是禪堂。在佛教各大體系中，只有中國佛教的叢林設有禪堂，其他的系統基本上都是以佛殿為中心，唯有叢林是以禪堂為中心。

太虛大師曾說：「中國佛學特質在禪。」禪，向來都是中國佛教最核心的部分，禪堂則是提供禪眾修行的處所，為了護持禪眾的修行，必須要有一種類似社會的健全結構，因而制定了叢林制度。以往的禪眾不論到何處參學、尋師訪道，都是為了要進入叢林裡的禪堂用功，但他們必須具備基本的禪修條件。我們看禪宗留下的公案與文獻，都未提及基本的禪修工夫，這是因為能進到禪堂的禪眾，一定都要具足基本條件，所以他們和禪師學習的內容已非基礎工夫。以止觀的修習為例，從前的禪眾進入禪堂練習的方法是「觀」，「止」的部分甚少由禪師直接教導。

六祖惠能大師曾提到「定慧一體」，一般而言，修習止觀，不論是先止後觀，或是先觀後止，最終都是要達到「止觀雙運」，然而在修習止觀的次第上，大抵都是從止到觀。《六妙法門》將這種次第講得很清楚，先修「數、隨、止」（禪定門），後修「觀、還、淨」（智慧門）。觀、還、淨既是三種不同的觀想方法，也是觀的次第。

對此有了概略了解後，就能明白南傳佛教的修習次第與方法，為何會被認為較漢傳佛教具體，因為南傳佛教是順著止觀的次第來運作，剛開始用功一定先修止，而止的方法因為注重事相，也比較具體。因此，南傳佛教修止，必然會有很具體的方法和步驟，如何運作和完成，都清清楚楚。南傳佛教修觀，也是如此。

至於漢傳佛教的修觀，比如觀無常、空、無我或是中觀，則由於都是理觀，理觀是以理為所緣境，雖然仍有次第，卻不若事相所顯現的次第那麼明顯，也沒有像修止那樣具體的方法。

無論如何，觀的方法必須建立在止的基礎上，假如沒有止的基礎，所有的觀都會變成一種散心觀。散心觀即是我們平常的思惟，這種思惟比較粗，如果是比較細的思惟，就是覺觀。

將法義熏習入心

我們平常的思惟雖然會消化或熏習一些法義，但是程度不夠深入。這就是為什麼很多人雖然讀了不少佛教理論，也似乎頗有心得，甚至能頭頭是道地講出個道理來，但不管道理講得多麼好，所講的都是別人的東西，他們只是把這些道理記在心裡，只屬於一種記憶，而非他們自己的知見。

若是沒有消融佛法義理，融入於心，就只是一種記憶佛法的修習，只停留在這個層次是不夠的，因為不夠深入，能發揮的力量就不足。心必須要安定，也就是把心調細後，再思惟種種法義，才能將法義熏習入心，發揮更深層的作用。

藉由如此慢慢地消化這些法義，你將發現在處理事時，會從佛法的角度來看待問題，這代表佛法理論已經轉化成你的知見，已經進入你的內心，成為你的思考。只有當佛法與你的心融合一體，佛法才會成為你的智慧。

心如果沒有調整到安定不亂的狀態，就不太可能讓佛法成為自己的智慧。心好比一個容器，在吸收外來知識的過程中，如果容器本身的條件不具足，能夠受熏的部分就不多，換句話說，不管我們所學習的法義有多深，如果心這個容器的吸收力不足，我們就無法得到深徹的受用。

心的安定程度，關係到它能發揮多大的消融作用，所以在觀想時，心做為一個容器有其必須具足的條件，必須調到一個安定不亂的狀態，才能和清淨法界融為一體，開啟智慧。我們往往忽略了自心的修行條件，所以在看禪宗師徒間的語錄，往往只讀到文字透露的表面訊息，而無法了解深層的法義，無法解讀出禪師和弟子間的提問與回應，明白簡單語句所蘊含的真正深層意義。禪師們的對話是表面的，主要在於利用語言文字為測試修行程度的方法，這些對話被記載下來，以供後學閱讀，我們如果用平時粗糙的思惟方式看公案，就只能看到表層的字義，而看不到深層的法義。

反之，在原始佛教時代，許多佛弟子請法時，佛陀可能只對他們說了幾句話，而這幾句話就是佛法的核心，這些弟子們因為本身已具備很好的條件，不論在義理方面的掌握，或是身心所處的狀態，皆已達到一定的程度，所以佛陀即使只是講一句「諸法因緣生，諸法因緣滅」，有些弟子一聽就證得了阿羅漢果位。而同樣的一句話，我們聽了又做何感受呢？為什麼佛陀那些沒聽過這句話的弟子，第一次聽佛陀說就開悟了，而我們聽了那麼久的法，卻一無動靜呢？我們對佛陀教法的不同反應和理解，也反映了每個人程度的差異。佛陀時代的弟子們，聽聞佛陀所講的佛理，他們最後都是「得大歡喜，信受奉行，作禮而去」，但有些弟子在佛陀說完法後，即得法眼淨，證到初果以上的果位；而一些歡喜作禮而去的弟子，雖聽了法，卻未能開悟；還有一些弟子聽完法的當下雖未開悟，但過一段時間後明白了這些道理，也就開悟了。

由此可知，明白每個弟子的程度都不同，對教學的禪師來說非常重要。在禪宗公案裡，除了論及開悟的例子，還有很多沒有開悟的對話。從弟子的提問中，禪師就能知道他尚未達致開悟的程度，而禪師們要真正做到「觀機逗教」，就要順著弟子的根機來說法，根機相應的弟子即使是聽懂後離開，卻未必是開悟地離開，為了提昇弟子的程度，在隨順弟子根機的同時，還會談及較艱深的內容，而這整個過程可能只被記錄為寥寥數句的公案。你如果只看到語句的表面字眼去理解，這樣的理解如何能發揮作用呢？換句話說，這些公案究竟能不能對你產生直接的震撼與衝擊？假如沒有，表示你只是在理論上理解它們，那就是很表面的層次。

因此，公案要用「參」的。公案可以轉換成一種方法來參，參的方法就是要在過程裡明白到底發生了什麼事。例如一則開悟的公案，弟子提問這句話的深意是什麼？老師回應這句話時，所依的又是哪個層次的法？弟子聽到老師的回應後，還有沒有再做出適當的回應？或是他當下就明白、開悟了？其中一定有某種很深層的意義，而了解這深層意義就成為我們參公案的方法。假如你的心處在一種混亂的狀態，即使讀取了字眼，也未必能明白它最表面的意思，尤其現代人的文字能力已不若過往，我們現在用的是口語的白話文，而公案除了是文言文，還使用了許多地方語言。你即使了解這些公案的語言文字，如果身心狀態的修行條件尚不具足，那麼你是根本參不透的。

具足用功的條件

中國古代所有進入禪堂用功的禪眾，一定都具備基本條件，而且這些條件往往不在禪堂裡運作，禪堂老師沒有在教導打坐的，因為禪眾一進禪堂，就是直接打坐。也因此，如果不具備條件進了禪堂，你也無法安住。我們現在禪堂的要求條件雖不若從前高，但如果隨便從外面拉一個人進來叫他坐下，他也是坐不住的，因為完全不具備進禪堂的條件。

身心所具備的條件與狀態，是用功的先決條件。很多人尚未準備好這些先決條件，就想獲得某種很高的體驗，結果整個修行狀態反而是一團模糊。中國禪宗就有這項弱點，也就是對於進入禪堂的禪眾沒有一個明確的考核標準，檢視其條件與狀態。事實上，這樣的考核並非是採取某種具體的方法，而只是很簡單的，檢視每位禪眾在進入禪堂前，是否已具備基本條件即可。

諸位之中，其實有一部分人進禪堂條件是不足的。如果你的條件不足，當全體用功時，你在那兒坐立不安，整個人的身心非常粗躁、散亂，你就會對大眾造成干擾。雖然我開玩笑說有些人參加禪修是來補眠的，但也多少反映了一些真實。當然不論你是坐立不安還是補眠，都不會趕你出禪堂，但是在真正叢林的禪堂裡，這些狀況是絕不允許的，因為如果你進入禪堂後還需要補眠，就表示你的身心狀態很粗躁、散亂，在此情況下，你來禪堂補眠是一個不得已的過程，現代的禪堂允許，傳統的禪堂則不允許，因為個人的身心問題，必須在禪堂以外的地方解決，才能進入禪堂。

我們現在將禪堂開放給所有出家、在家的禪眾，就算你沒有做好任何準備，身心的疲累沒有得到適當舒緩，還是允許你進禪堂，而未加以考核你的狀況。如果要加以考核的話，這個課程就需要兩個星期，第一個星期先讓大家好好睡覺，第二個星期再看看還有沒有人要繼續睡，不需要睡的人才能進禪堂，還要睡的人就回家去睡，如此一來，第二個星期的課程，由於參與的禪眾大致上都具備了基本條件，就能在禪堂裡進入比較用功的狀態。

現代的禪堂不似傳統禪堂，一進去馬上丟給你一個話頭或觀想的方法，而是從最基本的工夫調起。這是為了順應現代禪眾的根機而做的調整，因為大部分的同學都不是那種每天精進用功的人，一用功就是一、兩個小時，但如果你平常就精進用功，具備了很好的身心條件，一旦進入禪堂，老師施教的方法，就可以像佛陀對那些根機很利的弟子一般，只講「諸法因緣生，諸法因緣滅」的道理，就能讓你很快領悟高層次的禪法，甚至能引導進入開悟的方法。

傳統的觀念認為，禪法是利根眾生修習的方法，禪法屬於頓悟法門，基本上這個觀念是對的。但要知道利根不是生來就擁有的條件，沒有天生的彌勒，也沒有天生的釋迦，都是靠修習來的。利根是磨練出來的，也就是在進禪堂前，就要把根器磨利，而磨利的過程，是在禪堂外，而非禪堂內。以砍樹為喻，進禪堂就好比開始砍樹，如果你拿的是一把鈍刀，那要如何砍呢？一定要把刀磨利，才能進禪堂。如果你是利根之人，進禪堂用功就沒有問題。

再以登山為喻，我們參禪都是以開悟為目標，開悟好比攻頂，如果現在把你放在山腳下，要你馬上去登山、去攻頂，你肯定走不了多遠，就會打退堂鼓的。因為登山需要具備相當多的條件，需要很多的練習，還要準備萬全的工具，如果這些前方便的準備工夫不足，你是登不了山，也攻不了頂的。什麼時候才能攻頂？要等你做好所有需要的準備工夫。以往的禪眾進禪堂，就等於是去登山砍樹，登山一定要備妥工具，不能等到入了山後，再來準備登山的工具。砍樹一定要把刀子磨利，不能帶把鈍刀進去，等到要砍樹時，再來磨刀。一切準備的工夫，都要在進禪堂前準備好。

天台宗的「二十五方便」，方便就是善巧的方法，是用來幫助我們具足用功的條件。《小止觀》的次第，前五章的內容就是講「二十五方便」，第六章才進入正修，包括止與觀的修行。在進入修止、修觀的正修階段前，要先做好二十五方便的準備工夫。

《小止觀》的第四章講「調五事」，即調食、調睡眠、調身、調息、調心。而調身、調息、調心三事，又可分為「入靜、止靜、出靜」三階段，這就是我們現在練習的方法，我們所做的準備工夫。假如這些工夫做不好，正修時的修觀力量，就會不足。

雖然《小止觀》在正修部分，還是談及比較粗的修止、修觀過程，尤其是修止的運作分為好幾個階段，提示禪修必須有次第地運作，但這一類的工夫，中國佛教的禪堂裡並不教導，也因此讓很多人誤解禪修用功不需要這些，而不知道進入禪堂的禪眾其實都已具備用功條件，只是沒有記載在公案裡，而我們學習中國禪法時，看的又都是公案、語錄等的資料，於是造成了我們對禪堂與禪修的不完整理解，我們用這不完整的理解來判斷中國禪法沒有次第，就是錯上加錯。

有很多人都有這樣的誤解，代表他們不了解工夫運作的整體性，還誤以為自己是利根，一進到禪堂就想開悟，這種情形在漢傳佛教很普遍，也成為中國禪宗一個明顯的問題和弱點：很多參禪者的禪修觀念都很模糊不清。以這種身心狀況來參禪，不太可能得受用，而沒有得到受用的禪眾，往往又不願承認自己的問題。

其次，很多漢傳佛教的信眾，都有一種奇怪的心理，一方面告訴人家「我業障深重」，另一方面又說「我要學頓悟法門」，前者是自卑心，後者是我慢心，自卑和我慢本為一體，很多人則是把它們融合起來，所以學點皮毛就覺得自己業障深重，進禪堂後則又想要開悟——業障深重還能開悟？若真如此，開悟就是給業障深重的人開的，開什麼悟？誤解的誤，全部都錯誤！

很多人一進禪堂，就喜歡禪堂充滿所謂的禪味：香板劈哩啪啦到處打，話頭拚命用，每個人跑香都好像瘋了一樣。看到這樣，就覺得這個禪堂高明，其實這只是一個遊戲，身在其中的人，都是在很開心地玩遊戲，喊呀、叫啊發洩一些心理壓力，紓壓後覺得很舒服，自以為很了不起，出了禪堂後，便擺出一副開悟的樣子，這種情形都是由於對禪修課程運作不理解，而造成的誤解。條件不具足的人進了禪堂，如果被施以種種超出他程度的運作，最後一定會出問題，所以對運作方法必須要有完整的了解。

修禪宗的人雖屬於利根，但利根的人不是天生的，而是修來的。他們同樣要通過修行的方法，把根器磨利，直到具足利根的條件再來參禪。諸位的修行也是如此，循著次第，磨利自己的根器，直至你的身心處在一種很安定的狀態，一旦具足這樣的條件再閱讀禪宗公案，便是以「參公案」的心態來讀，便有可能與之相應。

生死不安的生命疑情

有一則著名公案，慧可問達摩祖師：「我的心不安，請老師幫我安心。」我想，現代人很多都心不安，但我們的不安和慧可大師所講的不安是否相通？同樣的「不安」兩個字，我們的不安是在何種程度？可能只是很簡單的不安全感，好比你害怕別人把你家藏在保險箱的金磚偷走，所以不但將房門上鎖，還隨身帶著鑰匙。

還有一種不安是，一坐進車裡，就把全部車門都上鎖。從正面角度講，這是一種保護安全的措施，但你為什麼需要被保護安全呢？因為你的心不安，缺乏安全感。

一般人所謂的不安，大概就到這種程度而已。而你們是否有看到更深層的內在不安呢？事實上，不安是一層一層上來，直到表面。剛才舉例的兩種不安是很外在的，而這樣不安，其實源自於我們內心最深層的不安。我們常說的「苦」，就是內心最深層的不安。

「無常諸苦」就是我們最內在、最根本的不安。因為世間處在一個無常流動的過程中，任何事都可能發生，所以我們對未來沒有安全感。現在某種程度的安，是因為我們預設有某些事不會發生，例如大家可以在此安心打坐，是因為我們知道屋頂不會塌下來，而且沒有戰爭，不會禍從天上來，被敵機投炸彈。但假如我們身在戰區，還有辦法坐得住嗎？大概只要一個聲響，就會害怕是不是屋頂要塌了？是不是被炸彈擊中了？到了夜晚，恐怕你也無法安眠。現在你能睡得好，是因為你知道明天早上監香一定會把大家叫醒，所以可以安心睡覺，而且你知道你會睡醒，可是並非所有人都具足安眠的因緣與條件。只要心有不安，就不能安眠。

而最深層的不安，是對生死不了解，這就是生命的疑情。人，生從何來，死往何去？很多人只要想到這個問題，就會不安。學佛，應該對佛法有信心。只要我們具足正見，就不必害怕生死輪迴，因為正見一定會把我們引回到能夠學習佛法的地方，學佛因緣一定可以延續。然而，還是有很多學佛人對於如果不往生西方極樂世界，下輩子不知要投胎到哪裡去，感到非常不安，這是一種深層的不安，但仍不夠究竟。

而慧可大師問的不安，即是最深層的、關於生死的問題。達摩祖師知道，慧可已透徹明白自己的不安是何程度，所以只簡單回他一句：「把你的心拿出來。」慧可馬上就了解而開悟；可是我們讀完這則公案，並沒有什麼反應，可能只是覺得有趣好玩。但如果你在閱讀這則公案的當下就明白慧可提問的深度，以及達摩祖師回答的準確與透徹，那麼你也開悟了。

有這麼多人讀過這則公案，但為什麼好像沒有人因此開悟？因為我們的身心還未到達準備好的狀態。至於身心要修到什麼程度，才能到達這種狀態呢？我沒有辦法預設。如果你到一個地方修行，那裡的老師告訴你，只要在我這兒打一個七就能開悟，那麼這個老師一定比達摩祖師，甚至比佛陀還高明，因為佛陀從來沒有跟他的弟子說，你什麼時候就能開悟，可是這個老師卻可以說出你何時能開悟，表示他太高明了，他的高明會讓他成為非常出名的名師。這種名師太不可靠了，如果他還給你名片的話，那就擺明他真的在騙你，所以才要給你「名片（騙）」。

禪修攻頂的萬全準備

大家除要了解用功修行應具足的知見和條件，同時也要對漢傳佛教與禪法的關係，有一完整的理解。我們現在所學的內容，幾乎都涵蓋在漢傳佛教的範疇裡，所以學習中國佛教禪宗的法門，必須清楚了解禪宗法門的建立，只是中國佛教整體的一部分。禪宗所呈現的代表性，反映的是中國佛教在漢地的發展，至禪宗時已然齊備完整的面貌。

你看那些進禪堂的修行人都帶著齊全的工具登山，再用磨利的刀砍樹，如果你以為禪宗的修行便是如此，你對禪宗的了解就不完整。因為禪宗是建設於中國佛教已然完成其體系之時，包括天台宗、華嚴宗的理論建設，乃至天台止觀禪修法門等，所有這些準備工夫都已齊備，再以禪法來圓滿完成這整個體系。因此，如果我們只看到入禪堂後的修行這一局部，而忽略了中國佛教的其他部分，我們的學習就不完整。

不完整的學習，得到的受用當然很淺薄，甚至完全發揮不了作用。就好比你看別人拿著一把利刀進禪堂，你也拿了把刀進去，在你的誤解裡，以為你拿的也是利刀，殊不知你的刀其實是鈍的，用這把鈍刀能砍到什麼？什麼也沒有。又好似我們看別人登山，也跟著去，而沒看到別人先前做好的萬全準備，自己卻什麼準備也沒有，最後發現自己根本登不上去，登不上去又不願承認自己的不足，結果問題就更嚴重。

很多學習禪法無法成就的人，到後來慢心會特別重，為的是要以傲慢的表現來掩蓋自卑，實際上，他們既沒有自信，也缺乏自尊。如果我們了解禪法的整體，順著次第用功，所有的負面狀態與情緒，漸漸地都可以放下，因為禪法的修習，不論處在哪個階段與程度，對於人格的塑造與提昇，都會有很大的幫助。

因此，諸位要了解禪法修行的完整性，包括它的次第、進程，與其最高法門的修習，從基本工夫的運作到完成目標，要先從理上去把握，然後再順著次第用功。我們要先做好所有登山的準備，再去攻頂，如此才能通達最後開悟的目的地。希望大家透過此次的課程，都能夠把握整體性的理解，然後一步一步完成修行的目標。

卷二

釋放壓力身自在

調身的要領

先從整體性上，和各位談禪法修習的理論和方法，為的是幫助大家先建立明確的概念，如此，後續用功時，就會有清楚的方向感，知道自己要達到什麼目標。了解之後，還是要回到各人當下的因緣，以現有身心具備的條件來用功。

對治散亂心最有效的方法

先談現實的身心狀態。我們身心的最大的問題是什麼呢？就是散亂。我們的身心都很粗散，更嚴重的就是亂，如果要用方法對治它，這個方法一定要有直接性與針對性。從禪修的角度來說，對治粗散雜亂的身心，最有效的方法就是靜坐。靜坐是以數息法來對治散亂，調心的前提是知道自己的身心尚處於粗躁、散亂的狀態，才能提起心力，好好用方法對治它。

有一些老參可能在二十多年前，就跟著聖嚴師父學打坐，每年也都來打七，可是學到現在，除了年資多了些，身心的狀態還是很粗散，沒什麼改進，坐在蒲團上，也只是在混時間。像這樣資歷很深，但工夫不得力的老參其實不少。對治散亂心，其實是一門從初學直到完成止的修習，都要持續進行的重要功課。不論你是初學還是老參，都需要不斷地練習用方法，以對治我們粗散的身心，而要對治它，首先要了解身心粗散的狀態。

以人的生理為中心，對外是外境，對內則是心的種種功能。從外境的角度來看，我們的生理功能是依於外在環境而運作，很自然地會受到環境的影響，當環境影響到人的生理，心理也會受到影響。從心理的角度來看，內心的妄念會影響生理的運作，繼而影響外在的環境、社會，乃至整個器世間。

當心散亂時，除會外顯於外境上，也會同時顯現在生理和心理。也就是說，散亂的狀態，和內（心理）、中（生理）、外（外境）三者互有關聯，分不開。雖然如此，但在對治時，還是要把握好方法的運作，了解該從哪一邊下手最有效，這才是最重要的。

以《小止觀》所提的「二十五方便」為例，它是從環境切入，在禪修的首要條件具緣中，介紹「閒居靜處」，也就是要居住在比較安靜的地方，以此做為對治散亂環境的方法，所以幾乎所有禪修道場都位在深山叢林裡。現代人由於都市化的程度愈來愈高，許多過往的鄉村城鎮，如今的建設也像都市一樣發達。而從弘法的角度來看，都市人更需要佛法度化，所以現在有很多道場，都設立了所謂的都市禪堂，藉此接引在繁忙都市裡生活的眾生。

大部分的人，皆是都市的一分子，習慣在非常散亂的社會狀態裡求生活，所以基於禪修需要而設立都市禪堂，儘管位在都市中，但設計上一定會設法讓整個空間與都市的喧鬧、嘈雜有所隔離。如果一座禪堂位在車水馬龍的熱鬧地區，充斥著吵雜聲音，各位會想來這種地方禪修嗎？不會。你們一定會找一個即使是都市裡的道場，也要先隔離環境中的喧鬧噪音，如此才能從散亂的外境抽身。

但是從鬧境中抽身後，你可以靜得下來嗎？很多人以為只要把自己放在一個安靜的地方，便可以好好修行，卻往往像各位進到禪堂才發現，雖然禪堂的整體氣氛很好，但你就是不相應，身心還是很躁動，這表示你的身心條件還不足，所以靜不下來。

找到適合的禪修空間後，接下來就要進入到二十五方便的第二「訶五欲」和第三「棄五蓋」。「訶五欲」即生理的功能，生理緣五塵，五塵是形成五欲之因，會讓人不斷地追逐，甚至生起強烈的貪婪作用；而「棄五蓋」即是進入意識面的作用，用以對治貪、瞋、癡、慢、疑的煩惱。

由略述二十五方便的前三個禪修基本條件，可看出禪修要循著外境、身根、內心，一層一層向內運作。之所以如此設計，在於我們的覺察作用，是從粗到細、由外向內的過程。而在外、中、內三者間，於方法運作上較容易掌握，也較有力量的，則以身根為主，所以第四「調和」，從調身、調息到調心，而以身根做為對治的中心，由此可知，調身在運作次第中的重要與關鍵性。

我們修行必須對方法的次第有所了解，先隔離外境對我們的影響與干擾，接著進入調身，然後再進入調心，整個次第是很明顯的。所以我們現在進行禪修課程，也要先把大家隔離起來，安處在禪堂的環境之中，不讓你們離開。當然這不是囚禁，囚禁是被強制的，而我們沒有強制，如果有人覺得留在這裡不妥當，你隨時可以離開；但如果是在傳統的禪堂，只要門一關鎖住後，你是跑不了的，而我們這裡比較現代，也尊重人權，待不下去的人，隨時跟總護或監香法師打聲招呼，就能離開，假如不好意思打招呼，也只要偷偷把行李整理好，便可以開溜，等我們發現時，你早已是自由身了。至於願意留下來的同學，我們就一起好好地用功學方法對治散亂心。

觀察共業相應的環境

散亂有多種的狀態，先從外境談起。外境就是我們所接觸的各種環境，當結束課程，每個人回到家所接觸的生活環境都不一樣，而這和各人本身的業有關。業會類聚，也就是同樣的業會聚合起來，如果你的業是躁動、散亂的，很容易就會招感同樣的業，與那一類的共業相應。也因此，我們需要時不時地看一下自己所處的環境，環境一方面是共業，但在共業中也有你個人的業，各人的業為何會和共業聚在一起，兩者一定有共通之處，才會成為共業。

關於業的類聚，舉例來說，學佛出家是我的業，也是我的福報，我透過現代媒體資訊發現有一些人的生活過得非常糜爛。可是也同時發現，我只是從各種訊息中知道有那樣的人存在，但身邊並沒有那類人，因為我的業跟他們不同類，所以不會聚在一起。

我很少看到有人抽菸、喝酒，因為我和他們的業不類、不聚；但或許有些同學身邊的人都習慣這樣生活，這就是報，報是由業招感而來。因此，假如你身邊有不少生活非常混亂的人，那你就要注意了，表示你和他們有一些類同之處，即使你並不喜歡，甚至想遠離這樣的人或環境，自己卻還是很容易落入這樣的圈子裡，難以抽身。

社會上不時有家暴的案件，對於案件中的受害者，我們不但會同情，也會想要幫助他們，例如政府可以動用法律，強制加害者不能靠近被害者，但有些被害者卻不想獲得這些幫助，即使提供一個保護環境，他們卻不願意走出來，寧願繼續被家暴。要是我們受到這種欺負，早就跑走了，他們卻願意留在受害的情境，我們從中可以看見業的運作，在運作的過程裡，人像是被圈進其中，無法控制發展，而感到身不由己。類似這樣的情形，其實在周遭都可以觀察到。各位可以多做這方面的觀察，就會比較了解自身業報的狀態，對於修行會有所幫助。

有些同學在隔離外境干擾的情形下，能專心用功，但只要回到現實生活，少了隔離層的保護，力量就提不起來，很快又捲進業報中。如果發現自己有這種情形，那麼不只要用隔離的方式，還必須再進一步調整自身業報的運作模式，否則，很快就會落入既往的輪迴之中。

很多人學佛修行，在趣往解脫的途中，會感到有很多的羈絆，我們常說這就是「業障」，其實這也是「報障」，即果報起現行的一種障礙。當報障顯現時，繼之生起的就是「煩惱障」，我們會產生一種煩惱、擾亂的心理，而後又去造業，造的業又成了障。

煩惱障、業障與報障，合稱為三障，很多人以為障礙我們的是業障，其實顯現出來障礙我們的不是業障，而是報障。當報障起現行，如果把它視作障礙，很消極地面對它，就無法好好對治它，也就很難避免下一步的造業。那該如何處理呢？一定要從心智上做調整。所謂的調整，即是要減輕煩惱，也就是讓自己不再迷惑。報之所以形成，一定是因造業而有，人為什麼會造業呢？就是因為煩惱。當報障顯現時，促使我們做出反應的，往往都是煩惱。

舉例來說，當我面對問題時，假如是用煩惱心來回應它，那我就是處在一種迷惑的狀態，就會順著迷惑做出種種反應，而又產生種種煩惱。這也就是說，我是用長期累積的慣性，依此慣性心理來運作，於是會再造業，造了業後，業又成為一種障，招感不好的果報，這果報又形成一種障，再把我障住。

所以，對治的根本之道，就是要回到煩惱障，即處理迷惑的部分。但這很不容易處理，必須要從心理上做大調整，而佛法正能協助我們提昇自我。我們能透過理解佛法，建立改變對事情看法的知見，如此一來，就能採取比較正確的判斷與抉擇，並反應在正確的行動上。

至於對治之道的實際操作，首先要知道，我們能斷的是煩惱，而不是苦，因為苦是結果，當果起現行，它就不能斷滅，所以要斷滅苦，就要從苦的因，也就是煩惱下手。換句話說，煩惱不斷，苦就不滅；反之，滅了苦因，也就是煩惱，苦果自然就滅。至於要滅因，就必須修道，而修道就必須回到我們的身心上來調和。

調身是禪修的關鍵第一步

調和身心時，要先「調身」。修行之所以循著調身、調息、調心的次第而行，是因為我們面對的是很繁雜的環境，常常處在很散亂的狀態，在這種狀態下，身心往往就被帶著跑。也就是說，現實生活中，身心往往處於動態，即使我們對外境採取適度的隔離，但假若身體沒有一個相應的方法，對治的功能便無法發揮。由於散亂的狀態都是處在動中，要對治「動」，就要先靜下來，雖然無法直接讓心平靜下來，卻能先讓身體靜下來，因此，調身就成為禪修很重要的關鍵第一步，也是用功時所必要把握的基礎與根本。

了解禪修的基本理論後，繼而再談實際方法的運用，也就是調身、調息、調心。所謂的調身，要讓身體先靜下來，不是短時間的靜，而是要長時間的靜，為了達到更好的效果，要長期地運作靜態的用功，也就是我們現在所練習的靜坐。

讓身體平靜下來有幾種方式：可坐、可站、可臥，也可以行。坐、臥、站都是不動的，而在這三種靜態的威儀中，我們的練習以坐姿為主，因為站立時腳與頭部距離最遠，不易保持平衡，而且容易疲累，所以身體不是處在休息的狀態；臥姿雖然可以休息，但很容易過度休息，變成補眠，不易保持醒覺的狀態；坐姿則是介於二者之間，一方面能把整個上半身挺起，讓人處於醒覺的狀態，另一方面，把腿盤好坐著，則是處於休息的狀態，所以坐姿的優勢是既可放鬆休息，又能保持醒覺。處在放鬆休息的靜態，即是定；保持警覺，即是慧，所以身體保持靜坐的姿勢就含有默照的意義在其中，既是不動，也是醒覺。

由此可知，單單一種調身體的工夫，就是在用功。所以我們要了解什麼樣的姿勢既能幫助我們保持放鬆與醒覺，又能長時間運作。身心的調和工夫，是從粗調到細，而身當然比心粗，身則又比外境細，當身體調好了，生理就會成為外境與內心相通的中介。可見得身體真的是處在很關鍵的中心部位，且在對治散亂上，可說是相當重要的基礎，有了這樣的認知，就會明白自己為什麼要靜坐，也會更認真地把身體調好。

靜坐時的坐姿，採取的是盤坐。如果是坐在椅子上，由於頭頂和腳部的距離頗遠的，如此身體較難放鬆，也會消耗比較多的能量。為了讓身體完全放鬆，並保持能量不消耗，所以身體的整個空間與各部位的距離，盡量不要太遠，盤坐就是最理想的坐姿。這個坐姿從何時開始有的，歷史已不可考，中國歷代祖師則都是以盤坐在修行，甚至早在佛陀住世之前，印度人就已經是用這個方法了。

在佛陀證悟前，還是位名叫喬達摩．悉達多的苦行僧之時，他所跟隨的老師，皆將定學列為修行的核心。佛陀在習定的過程已能入深定，也因此深知定的重要性，但也發現不足之處。他了解入定並不能解脫生死，所以進一步做慧觀，有了智慧，他見到了緣起，並斷除緣起的鎖鍊，因而徹悟生死，究竟解脫。證悟後的佛陀，向追隨他的弟子傳播所證得的智慧，因而建立修道的次第，即戒、定、慧三學。在他的教學中，關於定學的教理相當完整，這是因為他經歷過所有的定，深明修定的重要與局限，加上不少弟子已能入深定，所以他對禪定的教學，涵蓋了當時印度所有的定學，不管弟子修定的程度如何，他都能知曉其優勢與弱點，給予應機的指導。

佛陀很完整地宣說定學的教理，目的是讓弟子們知道：修定所需具備的條件、自己入了何種程度的定、清楚自己的修定工夫，是否能顯發智慧。因為自己即使入了定，也未必證得了智慧，所以學佛的關鍵還是要在智慧上覺悟。

佛陀的戒、定、慧三無漏學，是以定為中介，假如沒有落實定的工夫，不容易再往上提昇。所以佛教的定學與慧學，將兩者結合起來修行，這就是止觀法門。佛陀在講述教理時，已為我們設下修行的次第，首先從身心開始，假如身體定不下來，心就無法定，而要讓身體安定下來，就要先讓身體處於安靜、安定的狀態，透過持續性的身體調和，以達到心的調和。歷代祖師調和身體的方法，皆採取盤坐的姿態，以收靜定之效，所以我們現在依然採用這個方法，做為修定的核心，直到止的修行成就了，再進一步修觀。

理想的禪坐姿勢

了解調身工夫如何運作後，就要先把身體調好，這時對姿勢的把握就很重要。有些人可能認為，我只要能坐得住、坐得靜就好，但要能持續、好好地坐，還是要先把握好理想的姿勢。相對於用「只要能坐就好」的態度用功，把握好標準能讓我們更精進地改進和提昇自己，身心調和工夫也能做得更好。

如何才是最理想的姿勢呢？首先要注意的是下盤。根據身體的結構，盤腿時，下盤要形成一個三角形，以支撐起整個身體，並讓身體的重量平均分散於三角上，如此身體就能自然放鬆。打坐時如果重量集中在臀部，就會感到身體很重，如果分散到三個角，就會感到身體比較輕。感覺身體變輕了，這點很重要，因為這表示整個身心是放鬆的，如果打坐時的身體覺受是愈來愈重，你會坐不下去的；反之，身體愈坐愈輕，身心的循環也會愈來愈順暢，就能長時間保持在這樣的狀態裡。

最理想的盤坐稱為跏趺坐，也可稱作蓮花坐、金剛坐等，其實就是我們慣稱的雙盤。雙盤意指將雙腳的腳背都盤到大腿上，哪隻腳先盤上則不拘。雙盤時，下盤的三角形一定呈等邊，如此支撐起整個身體，就會比較平穩。

假如還無法雙盤，可先單盤，也就是把一隻腳背盤到大腿上。如果單盤也有困難，那麼就先試試將腳背放到小腿上。這也是一種單盤，卻是不完整的單盤，我稱它為半單盤，也就是只有一半的單盤。假如半單盤也做不到，就把兩腳都放地上，也就是散盤。

採用盤坐坐姿，東方人占有生理上的優勢，西方人則無論採用什麼盤法，可能都覺得很不容易，所以多數人會採取類似日本人的跪坐，但又無法像日本人一樣坐兩小時，要西方人跪坐兩小時，恐怕腿都要斷了。因此，西方人跪坐時，有的會用一把小凳子把身體墊起來，再把雙腿放到凳子下面，有的人不用凳子，而是坐在兩、三個蒲團上，雙腿則放在蒲團兩側，這種坐法在中國禪修的傳統中，稱為騎鶴坐，不過這不是佛教的坐法，屬於道教，取仙人騎鶴之意。還有一種坐法，是把雙腿放在同一側邊，這是南傳佛教在家人慣用的坐法。

上述的各種坐法，基本上都是平地坐，不坐椅子，但基於生理結構，臀部一定要高於雙腿與兩膝，這點請務必注意。

下盤坐好了，接下來要挺腰含胸，手結法界定印，輕放腿上，雙肩平垂，下巴內收。此時頭頂、下巴與下盤三角形的中心點，要呈一直線，保持這樣的坐姿，整個身體就能穩定。接著，把眼睛輕輕閉起。初學者先把眼睛閉起來，好讓各位在學習的初階，先隔絕眼根對外的攀緣，有助於心的內攝。下一步，舌抵上顎，這會讓舌頭在口腔內有較大的空間，除了比較舒服，也有助於唾液分泌，讓口腔保持濕潤。

以上含括了禪坐七要點，即：1.雙腿趺坐；2.挺腰含胸；3.手結法界定印；4.兩肩放鬆；5.舌抵上顎；6.閉口用鼻息；7.閉眼攝心（適用於初學者），這就是傳統所謂的「七支坐法」。

接下來要注意，臉部的肌肉要放鬆。所以大家要保持微笑，讓嘴角輕輕揚起。不知道怎麼做的人，可以每天早晚對著鏡子笑。早上起來第一眼看到自己，就先對鏡中的自己微笑，並道早安，然後再去對別人道早安，這樣的問候才會是發自內心的，否則早上起來臭著一張臉，別人如何感受得到你問候的心意呢？

人有的時候真的很奇怪，早上不對自己說早安，而是到處去對別人說早安，如果自己都不安，如何祝福別人平安呢？所以，從今天起開始練習，對著鏡子微笑；睡前也要笑一笑，再去睡覺，這樣比較容易做好夢。打坐時不自覺地就揚起笑容，這就表示臉部放鬆了。如果現在還不懂怎麼笑沒關係，記得對著鏡子練習，而且最好是看自己的本來面目，不要塗抹保養品或化妝品後才看，那就不是本來面目了。我們要對著本來面目笑，笑到讓自己喜歡上這個本來面目！

調身的重要性，在於它是用以對治散亂的關鍵與根本，對治的過程雖有不同的次第，而前提一定是先把身體安定下來。透過身體的靜態用功，日後面對各種動態的散亂時，才能產生較有力的對治作用。調身工夫在整體修學上，是一門很重要的功課，請大家一定要把它做好。

享受禪坐福報

禪修以坐姿為主，打坐時，是用傳統的「七支坐法」，來調正姿勢。

調正姿勢是一門非常重要的功課，在整個對治散亂的過程中，外境與內心的狀態，是互有關聯且分不開的，而身體則介於兩者之間，是用功的關鍵處。要知道人即使避開了外境的喧擾，身心卻未必能就此安定，因為內心的妄念若無適當的方法調治，仍是難以調和、降伏。

問題是，妄念雖在意識中非常活躍，但它並無具體形象，若要直接處理，往往有無處下手之感，此時就需要一具體的事相做為下手處，而身體正是依人內在的妄念與外境對應，並且所有外境的顯現，也都必須透過身體的功能，方能將訊息傳到內部，所以對治散亂的三層次：外（外境）、中（身體）、內（內心），中介的身體就非常重要。

以靜制動對治散亂

對治散亂是「以靜制動」，心要定靜，就要從中介處的身體調和起，令其安定下來，所以會先將身體與外境做某個程度的隔絕。例如在我們的方法中，會先隔絕眼根的作用，因為調和身體時，眼根與外塵的接觸最多，由於大部分的散亂多源自眼根的作用，所以先將其隔絕，讓大部分的外緣無法和它對應，或是先不理會，當身體漸漸平靜下來，許多動態的作用便隨之暫時停止，心自然而然就比較容易往內看。

調身時，要讓心的安定，不只是一種短暫的受用。雖然身體不可能長時間處於完全的靜態，卻必須要有一段適當的時間，讓心持續性地往內收攝，如此才能讓調和身心的作用更好地發揮。

大家首先要把身體的姿勢調好，而身體的姿勢必須配合身體的結構。身體是一個由骨骼架起的架子，要順著這個結構，才能把姿勢調好，否則身體就無法放鬆。如果身體不放鬆，或是有某些部位緊繃的話，就不容易持久維持固定的姿勢，也就無法保持身體靜態。至於有些特殊情形，例如站崗的士兵，因任務需要，他們必須以強硬的方式維持一固定姿勢，即使這樣的姿勢不是很放鬆，但透過加強體能與訓練，就能做到用意志力控制身體，不過長期下來，這樣的姿勢容易造成身體的負面影響；至於我們，是要調和身心，所以不能用這種強硬方式和身體機能對抗，相反地，我們要完全放鬆它，必須要有一適當的姿勢，以配合身體的骨架，如此才能把姿勢調正，而我們採用的傳統坐姿，就能達到這個效果。

姿勢坐好後，你會發現這個姿勢，還具足了三個調和身心的重要品質：下盤的安定、上半身的放鬆，與整體姿勢的內攝。當身體具足了這三個品質，它同時也成為了一種能與心理貫通的肢體語言，因為身體姿勢本身就是一種訊息，我們只要看到有人在打坐，就自然知道這個人正在用功，或是感覺他處在安定的沉思狀態，這就是透過肢體語言傳達出來的訊息；同理，當我們用這樣的肢體語言安定身體時，心理也會接收到身體傳達的訊息，知道自己正處在一種安定、放鬆與內攝的狀態。看到別人和自己在打坐，就覺得要一起進入到某種狀態，這種認知雖是很表層，但我們是否能因而發揮安定、放鬆與內攝的作用呢？此時的重點就不僅僅在於身體顯現的訊息，而是更內層的心理，也就是進入到調心的工夫。

調整傷身的習慣姿勢

在進入調心之前，還是要先把調身工夫落實，先把身體調正、放鬆。身體一定要放鬆，姿勢才能持久；但也有人發現即使姿勢坐好了，身體卻無法完全放鬆，這不是因為姿勢或方法出了問題，往往和個人平時的生活習慣與姿勢有關。

在我們的生活之中，有很多姿勢是不放鬆的，或是某些姿勢擺久了造成身體負擔，有一部分是因為工作需要，例如售貨員必須長時間久站，日積月累造成腳部與身體不適；還有些工作是必須久坐，坐久了也會出毛病。有的公司注意到員工有這方面的問題，會建議員工坐著工作一段時間後，要起來走動或是站著工作一會兒，久站者則要給他們適當的時間坐下來休息，如果沒有做這樣的平衡，長期累積下來，會對身體造成一定程度的傷害。

本身的慣性，也會造成的身體不正，比如有些人坐下來，身體就習慣靠向一邊，久而久之，身體就會向一邊歪斜；還有一種情況是身體某個部位出問題，由於身體本身有自我調適的功能，可能會以一種不正確的姿勢，讓出問題的部位獲得暫時的舒緩，但因為姿勢是不正確的，時日一久，會導致其他問題的出現。舉個淺顯的例子，為什麼扭傷腳的人，走路常常是一拐一拐的呢？因為拐了就不痛，不拐就會痛。拐著走路是為了當時的需要，但如果扭傷情形比較嚴重，拐的時間太久，就有可能形成一種慣性，等腳好了之後，走路還是一拐一拐的，變成一種不正確的姿勢，之後影響的不只是腳部，還會影響到脊椎。

由此可知，日常生活中的許多不良習慣，會導致身體姿勢的不放鬆或不正確，如果可以，要趕快調整。例如職場中的勞動狀態，不論是久站或久坐，都要設法平衡，如果是個人的生活習慣，就要趕快調整過來。現代人幾乎都有用電腦、平板以及手機等電子產品，當人們在使用這些工具時，很多時候就會處在不正確的姿勢中，尤其智慧手機的問世，更是讓這個問題變本加厲，導致全世界出現了一個人口最龐大的族群——低頭族，我們大家都是其中的一分子，包括我自己也不得已地趕上了這股朝流，加入了這一族。

低頭族會導致身體某些部位受傷，我曾經看過一則報導，一個十歲不到的小孩，因為長年低頭玩手機，玩到頸椎變形，有一次，家人喊他的名字，他回應時頭一轉，竟把頸椎扭斷了。我們可以想像，這孩子的問題有多嚴重！我們雖然尚未走到這種地步，每天低頭划手機的頻率卻也不惶多讓，生活中各種不好的習慣，都可能對身體造成傷害。我們平常可能對此沒有感覺，但只要一打坐，問題就會顯現出來了。

打坐時，首先要能放鬆。身體一放鬆、姿勢一調正，此時平日生活中各種傷害身體的慣性姿勢，便全部現形。照道理說，打坐的姿勢是最正確的，應該能讓全身放鬆，實際上卻非如此，很多人發現打坐時的身體，反而一點都不鬆，為什麼會這樣呢？這不是姿勢，也不是方法的問題，而是身體的問題。透過放鬆姿勢的調整，身體長期累積的問題，就會全部顯現。如果平常養成的姿勢和習慣都是放鬆的，打坐時把身體調正、放鬆，都不會有問題，假如一打坐就會出現很多狀況的人，那表示他平時養成的慣性姿勢，都是不正確、不放鬆的姿勢。

這時該怎麼辦呢？要保持姿勢、繼續放鬆，直到這些不舒服，或痠痛、麻癢的感覺都過去，此時身體才能處於放鬆的狀態。所以，姿勢調正本身，即具有對治的功能，用以對治身體不正確姿勢的慣性，幫助其調正。

當身體姿勢不正確，就會有局部部位緊繃的情形產生，這時身體的能量及氣血的循環就會受到阻塞，平時的慣性我們不易察覺有什麼問題，但打坐時放鬆身體，這時阻塞的現象就會現形。打坐時痠痛、麻痺等觸覺，都是在反映我們平時身體的狀態。此狀態還有表層與內層之分，比較表層的阻塞，例如一盤腿，痠痛、麻痺就現形，表示氣血循環不順暢，同時也反映了身體老化的現象，腿部的活力已經減少。腿部在整個身體的運作具有關鍵的地位，人的老化往往是從腿部開始，如果你的腿變得沒有力了，不一定是腿有什麼問題，而是身體老化的現象。各位可以透過快步經行，或是平時走路時跨大步走，知道自己是老人還是年輕人，假如走起來腿很沉、抬不起來，或是覺得腿伸展不出去，那就表示你的活力在衰退，這種衰退情況可以從生理的現象覺察到。

還有一種比較內層的阻塞，緣於我們從小到大身體受過的各種傷。比較嚴重的如發生車禍撞擊，輕微的如從椅子或樓梯摔倒，雖然可能找醫師治療過，或是放著不管自然恢復了，就以為傷好了，可是潛留下來的問題，可能在患部造成淤積，導致氣血不通。

假如打坐時，發現身體的問題都已經成形，無法馬上處理、解決，此時要學習的，就是如何接受它。

接受的方式，是從心理上先認定問題的存在，然後安忍。安忍就是安心地接受：不要抗拒身體的這些問題。一旦我們抗拒它，就是在製造另外的問題。問題起現行時，就是一種「果報」，打坐時身體出現許多痠痛、麻痺的狀況，就是苦報，這種苦報會不會形成障礙，端視我們用什麼心態來面對。

假如我們採用對立、抗拒的態度，想用力降伏它，煩惱障就出現了，如果試圖用某些方法處理它，那就是業障。所以一旦果報現行了，應從心理上接受它，認知這個事實是我的果報，而果報是以前累積而來的，所以我要安忍，不瞋恨、不對抗，同時清楚造成的原因，而這個原因不是自己能解決的，所以要接受它。不要再造業，不要為了對抗它而採取任何壓制的方法，願意接受它，同時繼續運用方法調心。在用方法的同時，方法本身即會產生作用，幫助調和問題。

如果我們能這樣理解，果報現前之時，心不起煩惱，就不再造業，便不會形成障礙。能夠如此，是因為我們在知見上有了正確的理解，這就是「無礙」，也就是一種「明」：我明白了、知道了，所以不再造業，不起瞋心和煩惱，不和果報對抗，只是繼續用方法。因為這個方法既然能幫助我揭露問題，也能幫助我調和問題，所以現在我就是繼續盤好腿，好好地坐下去。

保持安定，好好地坐

好好地坐，這是第一步，接著是否能坐得安定，就要看你的下盤。盤起下盤時，要同時放鬆整個身體，所以盤腿姿勢本身，以及盤坐的整個過程重點，就是在放鬆與調和身體，此時如果身體有問題起現行，必須去面對它。

面對時，我們的態度、方法正不正確，會決定這個問題能否適當地處理。適當處理不表示一定能解決所有問題，因為身體長期累積的問題，往往不可能完全處理好。人體其實是一個很完美的架子，但完美的東西最容易變得不完美，只要出一點差錯，甚或只是一個小小的受傷，就可能影響全局。

各位要盡量把姿勢調整好，能雙盤的人就雙盤，因為這是最好的姿勢。其實，如果有人能夠做到雙盤，就表示每個人原本都能做到，但現實是我們很多人做不到。這是誰的問題？我們的問題。其實在盤腿的同時，就能發現自己無法擺出最完美的姿勢，那是因為腿部或是身體某些部位有問題，這些問題能調整嗎？有時候透過一些舒展、拉筋，或是放鬆關節的運動，都能幫助我們做很好的調整。調整之後再盤腿，可能腿就能盤上來，但也有同學無論怎麼盤，腿就是盤不起來，沒有關係，那就隨順自己能做到的程度，把姿勢先調好，調好了之後，身體自然就會開始發揮它的功能。

有些人是完全無法打坐，也有人只能坐很短的時間，他們都是因為身體有嚴重的問題，導致無法持續打坐。以我們現有的條件來看，既然能打坐，可見問題還不算太嚴重，這也表示我們都是很有福報的人，因為都還可以打坐。再者，我們還要有人身才能打坐；假如我們不得人身，就不可能打坐了。不相信的話，可以回去試試教你們的寵物打坐。即使是跟我們最接近的猴子，只要訓練牠就能打坐嗎？當然不能。一方面是牠們的身體結構無法配合，另一方面是心理素質完全不行。

所以，人類在眾生中能得人身，真是最有福報的眾生！大家現在不但已得人身，還來學佛、禪修，福報實在很大！如果因為身體有點小病痛，就放棄繼續用功，那太可惜了！這表示你沒有享受到你的福報——我們現在來打坐，是在享受福報，各位知道嗎？我們不但享受擁有人身，還享受可以盤腿、放鬆、調和的福報。這種福報不是其他眾生都能擁有的，甚至和我們一起學佛的同學，都不一定有這個福報能來打坐。

因此，當我們面對身體顯露的問題時，要在心態上給予自己鼓勵。當人面臨問題時，意志力很容易消退，而我們現在了解到自己的福報之大，就要鼓勵自己：能夠來禪修，就是來享受福報。你要具備多少條件，才能坐在這裡用功？坐在這裡用功時，如果福報還不夠，就會有問題起現行；起現行時要知道，正是因為我們具足了福報，才能顯露出某些福報的不足，所以一定要在享受福報的同時，繼續培養我們的福報，也就是將那些不足的福報，利用打坐的現在來補足。

打坐時，當腰痠、腿痛等各種問題浮現時，不妨就告訴自己：「我能夠盤腿，已經是太大的福報；我能夠把身體挺直、放鬆，保持一個內攝的姿勢，這真是非常大的福報！」只是在這麼大的福報裡，尚有些不足之處，導致長期累積的身體問題浮現，之所以浮現，就表示大福報中，還有培植不足之處，那就要用現有已然具足的福報，來彌補不足的福報，所以要繼續保持姿勢，持續用功下去。

但有很多人由於意志不夠堅定，而在享受福報時，因為某些福報的不足，又不懂得要補足，反而受到負面影響，導致不足的福報，折掉了我們本已具足的福報。就像有的同學來禪修抱怨腿痛：「唉呀！太痛了，大概我的業障重，不是禪修的料。」於是就離開了。這就是不足的福報折掉現有的福報。很多同學都是這樣，練習打坐一段時間後，覺得自己不行就放棄了。他不知道正是因為他的大福報幫助他來用功修行，方能讓不足之處起現行，反而因為身體出了狀況，就退失對打坐的信心。

我們都是在享福中培福，面對打坐時的種種問題，要很感恩這些問題的顯現，因為它讓我們知道自己的不足之處，必須透過繼續用功，用現有修行的福報來補足它。如此堅持到底，不斷用正面的心態鼓勵自己，同時堅定信念持續用功不放棄，一段時間過後，就能以更加歡喜與感恩的心，看著自己一路走了過來。

打坐才能成佛

這段路其實是最難走的。許多用功修行的人都是在這段路栽倒；而即使是走過這段路的人，也未必明白箇中道理，對於痠、痛、痲痺等觸覺還是不想面對，既想禪修，又想跳過這一關，他們最常拿馬祖道一禪師「打坐不能成佛」的公案為例，說明自己可以不要打坐，既不用痠也不用痛就能開悟。

其實這是誤解祖師的意思。這則公案緣起於馬祖禪師的老師懷讓禪師，見馬祖每天都坐禪，就問他：「你坐禪是為了什麼？」馬祖說：「為了成佛呀！」懷讓就拿了一塊磚磨了起來，馬祖覺得很奇怪，問他磨磚做什麼？懷讓說：「把它磨成鏡子。」馬祖說：「磨磚怎能磨成鏡子呢？」懷讓答：「磨磚既不成鏡，坐禪又怎麼成得了佛呢？」若是看了這則公案，就以為自己可以不用打坐，那是只抓住公案的句子，而沒有看見整體。很多人讀公案，都只見文字表面，而無掌握整體，它的整體是因為馬祖天天在打坐——假如你們也天天打坐，我就會告訴你們打坐不能成佛——這是對治性的言論，諸位一定要清楚。

所謂的對治性，是針對整天在打坐的人說，你這樣不能成佛，因為佛雖然有打坐的相，但佛也有很多其他的相；佛是無相，打坐只是諸相之一。但打坐仍是一個必經過程。既然是經過，它就不是完成，因為經過之後，還會有其他的步驟。所以懷讓禪師的用意，其實是在讓馬祖知道，他經過這個階段，還必須再加上其他的步驟。其他的步驟是什麼？修行！也因為這樣的提醒，馬祖禪師便很快地開悟。

所以懷讓禪師說的話，是有對治性的，而這個對治肯定不是對你們。如果懷讓禪師現在在這裡，就會告訴你們：「大家好好打坐，打坐才能成佛！」因為諸位現在的程度，就是在必須好好打坐才能成佛的程度，所以你們不要想跳過這一關。有的人就想跳過，還拿公案做擋箭牌，結果跳到了哪兒？不知道。所以大家讀公案，一定要把握它的整體，才不會誤解。

現在大家應該都了解，自己的修行工夫還處在必須打坐的階段。人往往有一種取巧的心理，以為自己跳過某些階段，還是能達到目的，但我們只要進入禪堂好好打坐，就會知道這關不能跳過，也會明白自己能達到進入禪堂打坐的程度，是很有福報的。所以大家要享用自己的福報，同時繼續培養不足的福報，等過了這一關，你能夠放鬆打坐，達到一心不亂的時候，我就會告訴你，禪不一定在打坐裡，它還可以更深入，透過另一種修行的方式，你還能夠達到另一個層次。

不過，在目前這個階段，大家還是要好好打坐，這是調身首先必須經歷的。身體在調和的過程中，會顯露一些問題，這些必然和身體平時累積的問題有關，我們必須要面對它、處理它。此外，在心態上，要知道自己是在享用福報，同時培植更多的福報，這能幫助我們更好地度過眼前這一關。如此一來，不論打坐時遇到什麼問題，就是接受它，坐到讓層層浮現的問題過去；就算問題無法完全解決，只要能在一段或短或長的時間裡完全放鬆，並且把身體的問題完全放下，全心投入到調心的工夫，能夠如此，你的調心工夫將更深入。

對治散亂，最基本且關鍵的工夫，就是調身。調身時面對的種種問題，各位要懂得處理的方式。重點是要有正確的理解，並抱持正確的心態，這樣就能把過程中遭遇的問題慢慢地調好。

放鬆身體好休息

進入禪堂調身時，很多人發現禪堂好像比什麼地方都好睡，這是因為大家都是放下了很多事，才能來用功，心理的負擔減輕了，自然進了禪堂後，會有如釋重負的輕鬆感覺。

跳脫五欲輪迴

日常生活中，人常常處於散漫的狀態，為什麼呢？因為攀緣。人以「身」為中介產生的作用，也就是以「眼、耳、鼻、舌、身」五根，緣「色、聲、香、味、觸」五塵。五塵亦可稱為「五欲」，所謂的「欲」，指的就是人追逐的種種現象。

日常生活中，人必須用到五欲；換言之，生活中不能缺少「色、聲、香、味、觸」五欲的外塵作用。當然，有些例外狀況，例如有人失去了某些根的作用，眼無法見色，或耳無法聞聲，甚或失去了好幾根，他照樣能生存；不過我們在此談的是五根與五塵的基本功能，對絕大部分的人來說，這些功能必須存在，例如舌根讓我們能吃東西，而飲食是我們不可或缺的，五根與五塵維持了人的基本生存，所以才稱人間為「欲界」。

人應用五根與五塵的作用而生活，當根塵相觸，便引發人的情緒感受，即苦與樂，並產生追逐的心理。我們遇到自己喜歡的，就產生喜歡的心理，促使我們去追逐它；對於不喜歡的，就抗拒它。抗拒本身，其實也反映了內心的另一個標準：「我不喜歡這個，是因為我喜歡那個。」「喜歡那個」的這種喜歡覺受，事實上是一種情緒的迷惑，緣於愛染的心。

五根緣五塵，根塵相「觸」有了「受」，一旦生起覺受，就會去「愛」、去追逐，包括抗拒本身，也是一種反向的追逐。追逐之後，就會有所「取」，為了取己所愛，我們製造各種問題，造作各種業，所遺留下的業力，即是「有」，至此，輪迴就形成了。由此可之，我們的日常生活，實際上是在不斷地輪迴中。

心習慣向外攀緣，平時若沒有覺察，沒有向內看的工夫，根本不知道自己的心想那麼多的事。由於大部分的心理作用都是向外的，是順著五根對外攀緣，攀緣的過程中，訊息不斷進來，我們就以「觸」回應，如此不斷在追逐中輪迴。我們每天不斷在造作，因而形成不斷的輪迴，但由於心很散亂，因而無法覺察；另一方面，外境也會導致心的散亂。由此可之，心的散亂是兩方面的，一是外境使然，二是根觸塵產生的作用，但不論是哪一種，所有這些運作，其中樞都在人的意識裡，在這些運作內外進出的過程中，我們一方面接收訊息，另一方面則做出回應，而以往的經驗與慣性，正是回應非常重要的依據，而做出回應後，所留下的業力，也還是收藏在意識裡。

因此，面對類似的問題，如果我們都是以同樣的慣性回應，回收進意識裡的業力，就會再次深化慣性作用，長久下來，這個慣性就會愈來愈堅固。講好聽些，會說這個人「有個性」，其實個性就是慣性，當慣性愈來愈堅固，就會覺得無法改變。常言道「本性難移」，這裡所謂「本性」，並非真正的本性，無非就是慣性很難改變罷了。

我們的心經常是散亂的，所以在靜坐往內反觀時，會發現許多妄念。如果我們平日總是隨順散亂的心，任其運作，其實會不斷消耗我們的能量，加上還有許多日常必須應對的事務，長此以往，就會感到相當疲累。

補充身體能量不透支

日常生活中，除了晚上需要休息，白天也有很多時候是需要休息的，例如從事一些讓身體感受到能量消耗的事務，以致身體出現疲累的狀態，這時就會想休息，但由於外在環境所需，而不得休息時，身體就會產生調適的作用，可是這種調適的過程，往往會消耗更多能量來維持某些狀態，造成所謂的透支。觀察我們的每日生活，很容易發現各種透支的造作。長此以往，許多疲累沒有獲得適當的抒放，等到身體承受不住就會生病。

人體實際上是處在一個不斷消耗能量的過程中，這是它的運作模式。既有消耗，就要補充，補充能量的方式，一是飲食，再者是睡眠，另外，運動也能幫助人體產生、儲存能量。歸根結柢，只要身體本能的功能得以正常發揮，其實各種身體問題就會減少，可是我們往往在生活中附加了很多東西，這些附加物，除消耗我們的正能量，還會產生負能量。比如運動、飲食及睡眠，能讓身體獲得必要休息與補充，令其本能的功能運作，但我們常常因為休息時間不夠、沒時間好好吃東西或是好好睡覺，導致無法正常補充能量，長久下來，身體當然會愈來愈衰微。

不過，即使我們能把身體保持得很好，讓本能的功能很好地發揮，還是要面對一個問題：身體是由世法所構成的物質現象，凡物質現象，都是在生、住、異、滅和成、住、壞、空的過程中，所以不論如何保持，身體必然有其時限，時候到了，就必然要入壞、滅、空。也就是說，我們這個肉身，一定都要面對生、老、病、死，這是很正常的現象，但如果我們能保持好身體的有機功能與運作，就可讓老、壞的作用來得慢一些。所以有些人活得很長壽，是因為他們讓老、死的作用與進程減緩了；有些人則是老、病、死來得太快，表示他們消耗太多能量。

身體是世法，即地、水、火、風四大所造設，四大各有其組織與性能，而能源就包括在四大之中，比如「火」是一種能源的運作，所以就理來說，組成身體的四大，本身是可以源源不覺地運作的，問題是我們做不到，於是就產生成、住、壞、空。由四大和合而成的身體，在運作的過程中，會產生種種無常變化的現象，但同時它也有一種延續的作用，當因緣具足，四大離散復又聚合，這時就會再出現一個生命實體。

但提醒各位，這些都是理論，回到實際面，我們可以看到禪堂有很多人都在補眠，表示你們平常根本無法做到上述這些。所以說這些理論在諸位身上都不成立，那就表示雖然理論上身體結構有此功能，但我們發揮不出來，所以只能回到現實：進禪堂補眠。

另一個現實是，我發現很多同學打七期間胃口特別好，平時吃不了這麼多，打七時胃口就開了，所以禪期結束，很多同學都是「增重」再見，或「保重」而歸。明明我們這裡的食物很清淡，但不知為何就覺得特別好吃，飯嚼起來也感到特別香甜，所以一個不小心就多吃了些。這就是放鬆過程中，能量獲得充分補充的現象。

之所以有這樣的現象，是因為平日我們的身體，往往是粗散的，尤其在繁忙狀態中，會更遲鈍，這時就非得要重口味的食物，才吃得出滋味來；而打七的時候，身根、舌根都放鬆了，就能品嘗到食物中那股淡淡的滋味，胃口也跟著打開。有的人即使沒有增加食量，體重還是增加，這是因為隨著身心放鬆，食物進到腸胃後，消化、吸收的能力都增強所致。

反觀平日，雖然多數人都有固定吃飯的時間，但如果遇到工作沒做完，吃飯恐怕也是草草了事。我在美國時認識了一些教授，他們忙到得把吃飯時間做為和博士生談話的時間。因為研究必須進行許多師生交流，這些教授連吃飯短短半個鐘頭都不能浪費，都必須用來和學生見面、談話。還有些同學及佛友，他們在週日時才抽得出時間下廚，所以他們一燒菜，就燒一個禮拜的分量，再分裝成五個便當，冰在冰箱，每天出門上班，就帶一個到公司，中午吃飯就把便當微波加熱，一餐就打發了。各位試想用這樣的食物補充進身體的能量，會是什麼樣的狀態和品質呢？但打七時就不同了，全部的飯菜都專人料理，既不用親自下廚，也不必自己打菜，坐在各自的位置上就人把打好的飯菜送上，這樣子吃飯實在太開心了！再加上打坐時身心都放鬆了，如此一來，消化吸收一定更加順暢。也因為放鬆，身心的疲累獲得抒放，覺睡得也比平常更好。

所以禪七期間，我們真的是在好好補充能量，也可說是把平日生活無法處理的問題，透過這段期間好好導正。剛提到睡眠，儘管我們晚上都有睡覺，但也許在座同學中，就有不少人晚上是無法安眠的。有些人的不安，甚至到了必須用藥來安的地步，這樣的睡眠，能夠恢復、儲存，甚或是補充能量嗎？不能。而這些都是我們平常生活可能遭遇的問題，一旦進入禪堂，這些問題通通浮現，所以說，能進禪堂用功，真是很大的福報，讓我們能夠發現平日渾無所覺的問題。

有的人儘管平日不覺得自己有什麼問題，吃能吃，睡能睡，但進入禪堂後，還是覺得很疲累，而且覺得這裡的食物特別好吃。這就表示我們平日習以為常的生活，有很多的慣性運作，實則是一種消耗，這些消耗若不補充，能量長期透支，久而久之，就會產生很多問題，等到身體承受不住，一些嚴重的疾病就會顯現。

至於有的人，自認為平時吃好、睡好，運動習慣也不錯，卻發現患了嚴重疾病，檢視自己的生活方式，幾乎找不到罹病的可能，這時他可能會疑惑和怨懟：「為什麼是我？」如果罹病問題不是出在平日的生活習慣，那就有可能涉及到另一個問題：心理的問題。

抒放疲勞壓力

心理問題不是肉眼看得到的，卻實實在在地影響到每個人。心理問題有非常複雜的成因，例如壓力，承受壓力久了，就可能演變成憂鬱，甚至更嚴重的躁鬱、強迫症狀等。心理問題每個人多多少少都有，但往往不知道如何紓解它，以致於面對生活中某些狀況，會有各種情緒反應出現，而有禪修經驗的人，就會懂得如何利用這種時機，進行自我省察。

同學們進到禪堂後，也有機會對自我心理進行省察，甚至讓積壓的問題爆發。因為我們平日多是把這方面的問題壓抑下來，然而打坐時，則是給這些問題開了一個口，讓它們得以發洩。當壓抑的情緒在打坐中獲得抒放，有的人會大哭、大鬧、大笑、大喊，有些禪修道場則認為，通過這樣的抒放，人能夠更快開悟，於是方法上試圖以更多的逼拶，逼到禪眾們都出現發洩的狀況。當然，能夠抒放壓抑也是好的，但若是放了收不回來，這個人就要出問題了。

身心方面的狀況，平時不易察覺，而透過禪修的方法，能提昇我們對其的覺察力，更重要的是，能學習到如何釋放壓力，包括我們的疲累，不要再與之對抗，如果你真的感到很疲累，應該要釋放，而不要對抗。回歸到日常生活中也是如此，盡量不要用抗拒的方法。然而，有時候抗拒是不得不然，例如當你很疲累時，上司卻要你向他做簡報，這時你該怎麼辦呢？你可以和他溝通：「請先讓我睡五分鐘，再做簡報。」如果你的上司有禪修經驗，他會理解你當下的需求而同意你，但可能他自己也是被逼著非得抗拒疲累來聽你簡報，結果就是你的上司閉著眼聽你報告，而你則是撐著快闔上的眼說夢話，最後是他閉著眼聽你說夢話，兩人都迷迷糊糊睡了一覺，等到醒過來後，報告也結束了。

雖然日常生活受限於各種狀況，有些疲累無法適時抒放，但假如情況允許，應該適當處理它。例如上班的午餐時間，吃過飯後特別容易感到疲累，這時就可找個合適的空間，利用打坐放鬆自己，你可能會進入一種近似入眠的狀態，身心突然就昏昧了過去，整個過程是從心原本還滿清醒的狀態開始，然後開始覺知自己的疲累，直到疲累感愈來愈重，重到讓你失去了知覺，等到昏沉一陣子後醒了過來，你會發現一身疲累感消失了，接著再處理下午的工作時，精神就恢復了。可是很多人沒有這樣調整自己的機會，或是不懂方法的運作，只能撐著疲累的身體，甚至透支自己去應對各種日常事務，一旦透支到無法承受時，問題就來了。

舉個最淺顯的例子，當你拖著疲累的身體開車，即使不是很快的時速，可能只要一到兩秒鐘的時間，你稍稍閉眼，一場車禍就發生了。由此可知，疲累若無法獲得適當的休息，就有可能使人身陷危險，並對身體造成嚴重的傷害。所以，諸位現在學習了抒放的方法，回到日常生活，就要持續用這個方法，每天找一個固定的時間，抒放自己的疲累，就算你說自己太累了，一打坐就會睡覺，但等你睡醒了便會發現，當天累積的疲勞，多少還是抒放了一些，這就能讓你晚上睡得更好。

各位在禪堂裡面對這些問題時，請記住「不要抗拒」。就算不喜歡這些狀況，也不要起瞋心，而要轉個念頭，接受這個事實。像方才提到的各種身體狀況，痠痛、痲痺等，沒有一個狀況我們會喜歡，甚至有些同學是因為內在阻塞，導致氣動。有的人氣動是身體擺動，還有的人會跑出很多聲音，或是一直打嗝，這種狀況不只自己不喜歡，身旁的人也都不喜歡，但你不能抗拒它，還是要釋放它。讓疲累獲得適當地釋放，是必要的。

好好放鬆，好好休息

其實傳統的禪堂，是不允許禪眾這樣大喇喇地呈現身心的問題，因為一個每天在禪堂裡打坐的人，如果還有這些狀況，表示這名禪眾非常懈怠，沒有精進用功，才會顯示出疲累的狀態。假如每天精進用功，透過打坐持續獲得適當地抒放並儲存能量，此人必能保持極佳的身心狀態，怎麼還會疲累呢？

但現代禪眾的狀態已不若以往，所以我們萬不得已，還是得讓諸位在禪堂裡抒放，尤其頭一、兩天，大部分同學應該都是在抒放的過程中。我聽說有同學打坐時整個頭都碰到地了，疲累到這種程度，就知道不抒放不行，所以請大家務必利用這段期間，好好地調身，過程中，面對許多長期累積的問題浮現，正好反映了身體的狀況，同時讓我們了解，現在的用功是有用的，假如沒有用，這些問題就會繼續被身體所覆蓋。

用功不僅是讓問題浮現，還能進一步幫助我們處理這些問題。我們不論遇到任何狀況，都要以安忍的心態接受它，同時盡量放鬆身心，靜待這個狀況過去。有的人會覺得再坐下去要不腿就斷了，要不就要痛死了，但是歷來禪堂還沒有人把腿坐斷或被痛死的，差別只在於每個人忍痛的程度不同。誰最能夠忍痛呢？就是媽媽。媽媽生寶寶的疼痛，據說是世上最強烈的疼痛，在座有自然生產經驗的同學，若是連這種痛都能忍，還有什麼痛不能忍？這就是為何打坐多是男性禪眾不能忍，女性則坐得比較定，因為女性經歷過生產的疼痛，男性則無，所以男性的忍痛工夫會遜於女性，一旦真的坐到受不了怎麼辦？

一般說來，疼痛的覺受多是腿最為嚴重，身體其他部位則比較容易處理，假如腿痛得不行，這時只好輕輕地放腿，但是動作要輕柔到讓旁人沒有察覺，表示你是以非常專心的態度，在處理這個狀況，這也是在練習方法——身在哪裡，心就在那裡。慢慢地、輕輕地放腿，這樣有兩個好處，一是你不會影響別人，二是你不會造成大家一起放腿。

其實大家坐在禪堂，都已經忍耐身體不適許久，只差沒有人帶頭放腿；假如你放腿出了聲音，就有可能造成連鎖反應：「有人放了，我也要放！」雖然你看到別人坐得很好，但其中很多人可能跟你一樣是在忍耐，所以就算你真的受不了要放腿，也不要干擾到他們，靜靜地放就好。在這個過程中，你雖然是放掉了工夫，但是很專心地放，所以不會影響他人，自己的身心也不會煩躁。等休息一陣後，再慢慢地、輕輕地把腿盤回去，同樣沒有人知道。由於你很柔軟，是以一種溫柔的方式應對問題，這樣對於身心的放鬆，還是很有幫助的，所以整個過程也是一種用功的方法。

我們不論何時，都要保持身心放鬆、柔和的態度，來處理用功時身體起現行的各種狀況。如果你覺得自己的疲累，已到了非躺下睡一覺不可的地步，你可以跟禪堂的總護或監香商量看看，假如他們認為實在不妥，那就沒辦法了，你就得乖乖坐著睡，如果他們同意讓你躺著休息一下，也不要躺得太久，因為久了你就睡著醒不來了。不過，這種情況很少，大部分的同學還是會撐住，畢竟進禪堂就是來用功，如果你不只要睡，還要躺下來睡，想來似乎有點對不起自己，辜負了這回特地來用功的因緣，所以大部分的人會選擇安忍。

我一直提醒大家，不要有對抗心。心一產生對抗，就表示我們不願接受眼下的事實，如此一來，會產生更大的煩惱，而煩惱會導致我們用另一種態度應對問題：

因為抗拒就會硬撐，而不想抒放自己的疲累。我們會硬撐：「我不要睡！我要把眼睛張開！」結果弄得自己全身緊繃，雖然人已進了禪堂，應對問題的方式，卻和平常生活的慣性沒有兩樣，慣性對我們只有傷害，毫無幫助。所以，我們該做的事，就是好好放鬆，好好休息。

調身工夫對於禪修非常重要，但很多人不但忽略了，甚至想跳過，希望可以不要經歷這個階段，就能夠達到一個更好、更高的方法運作，或是跳過這個階段後，試圖用妄心修行其他法門。這或許在一開始會有點作用，但長期來看，作用一定會慢慢退失；反之，如果實實在在地經歷調身階段，再去建立下一個階段的工夫，工夫就能夠持續。因為當我們不是用煩惱心或對抗心在處理問題，這就表示當身體狀況起現行時，自己是用調心的工夫面對它，心少了抗拒與追求，就會在過程中漸趨於平和，這就是修心工夫的運作。

現在諸位了解工夫是如何運作的，那麼在這段期間，大家就放鬆，有什麼生理狀況起現行，我們就用聖嚴師父教導的「面對它」、「接受它」，然後用方法「處理它」，處理得好不好都沒關係，待一支香過後，就「放下它」。

由此可見，禪修教學的方法，很多都相當實用，如果大家回到日常生活中，也能夠照著方法運作，很多問題必能獲得妥善的解決。大家在此學習禪修的心態、方法和工夫後，也要好好應用在日常生活。

卷三

呼吸禪風氣清涼

善用呼吸法

當身體調好了，表示心態也獲得了調正，這就是調心。而更深一層的調心，指的是調我們散亂的心，先從散亂的環境抽離，用靜態來對治我們散亂的身體，然後再更深一層用方法對治散亂心。對治散亂心，從佛陀時代甚至早之前便普遍傳承的方法，就是呼吸法。

呼吸法調整亂心

修禪的人、學佛的人，甚或一般人，都有各式各樣的問題，總不脫貪、瞋、癡、慢、疑。把這些煩惱綜合起來，大多數人面對的問題，就是心很散、很粗、很亂。貪、瞋、癡煩惱等種種妄念，有些人是貪心較明顯，有些人瞋心很強，還有的人是癡心重，這會反映出每個人個性上的偏重，但不論偏重為何，整體顯現的都是散亂的妄念，尤其當前這個時代，因為資訊的發達，將導致這種散亂的現象更加嚴重。

過往資訊不是很發達，人們吸收到的訊息較少，也不那麼複雜，例如我年輕時看報紙，刊登的新聞最快的是一天前的事，二、三天前的也不少，甚至可能在一週之後才刊出；反觀現在，如果用這樣的發稿速度，這個報紙肯定沒人看。現在報紙為了搶快，比較大的報社還有發行晚報，也就是當天發生的事，那天下午就搶先刊出；更不要說網路的資訊，那幾乎是即時的，在事件發生的當下，網路訊息便已發出。以往的新聞在報導之時，就已成了舊聞，所以閱報者接收訊息時，感受到的刺激與情緒所受的衝擊較小，但是現在的新聞，尤其網路媒體，當下發生的事當下即報導，接收者看到的都是眼前發生的事，如此的情緒衝擊就強烈多了。由此可知，短短二、三十年間，整個社會改變的速度太快了，尤其是現在的資訊非常發達，發達到已經空前，但不會絕後，通訊進入到5G時代，5G比4G要快上不知多少倍，從前下載一套電影要好幾十分鐘，以後可能只要幾分或甚至幾秒就下載好了，可以想見未來接收資訊的速度，只會愈來愈快。

普遍來說，現代人的感覺器官都遭受著很強的衝擊，以致於散心相當明顯，亂心更是如此。自古以來，人們是以呼吸法對治散亂心，古代人採此方法不像現代人那麼辛苦，因為當時資訊簡單，人的心理狀態沒那麼複雜，感官受到的刺激也不那麼紛亂，擾亂的狀態很少，所以用呼吸法沒什麼問題；反觀現代人，似乎不容易用上呼吸的方法，但如果連這個方法都用不上的話，遑論其他更深一層的方法了。

呼吸法是最簡單、基本的工夫，如果連基本工夫都無法用好，就表示身心處在比較粗散的狀態，這樣的身心條件，是無法用上更深細的方法的；但為什麼我們常常又覺得自己有把方法用上呢？這是因為現代人的意識很活躍，以致於通過想像，便以為自己用上了方法。各位可以觀察自己，是不是用想像在習定、學禪呢？當你是用自己的妄心，用複雜、散亂的心禪修，過程中你會以為自己把方法用上了，因為你的心會騙自己，好讓自己開心。也就是說，其實你根本沒用上方法，但你的心可以假裝自己已經用上，假裝久了，你就會相信自己真的會用方法，以致於最後，你會滿心妄念地認為自己已經把話頭、默照的方法用得很好，甚至已體驗到開悟的境界。現在有很多人都是如此。

數呼吸檢測自己的工夫

如何檢測自己是否為妄心用功的人呢？方法很簡單，來回數自己的呼吸，如果連呼吸都數不到，就不要妄想自己會用工夫。如果你認為自己有用上工夫，那就是用你的妄念用上的。我們不可能用妄念呼吸，因為呼吸在不在、覺不覺察得到，都是很具體的，假若你覺察不到，那也不可能用妄念想著「我知道我的呼吸在哪裡」。人不能用意識假想自己在呼吸，因為呼吸是身根自然狀態下的作用，這個觸覺在不在是很具體的，假如呼吸的觸覺不在，就表示你的心沒有安住，而若能清楚覺察到呼吸的觸覺，則表示你的心有收攝、安住在鼻息進出的部位，所以呼吸法是不能欺騙自己，或是靠想像以為自己用上工夫。

在我們使用的方法中，觀想的方法就是用思惟。另外，早期的公案，學人在參的時候，也會有一些思惟的作用在其中，至於話頭則是切斷思惟，屬於比較單刀直入的作法。但不論方法為何，假如你沒有基本的工夫，也就是一心不亂的狀態，不論用任何方法，都很可能陷入妄念思惟的狀態裡。同樣參公案，做觀想的人，若沒有止的工夫做基礎，則觀想、參究的思惟作用就很容易分歧、分散。換句話說，只要心不是收攝在一個很穩定的狀態，就要開始去思惟、去參公案，這個思惟作用一定會逐漸地分散、分歧。

我們的思惟作用假如不是一心專注，而是在過程中不斷分歧，分到後來當你醒覺了，你會發現當下所想和原本所思惟的，根本已是兩回事，這是很普遍的現象。我們有時會說這是一種健忘的現象，例如我現在要做這件事，才剛動念要把這件事處理好，但立刻又想起還有一件事沒處理，於是轉頭就去處理它了，至於方才想要處理好的這件事，則整個把它給忘了。

由此可知，人的意識非常活躍，一直不斷地變化，所以說「觀心無常」，其實是觀「意念」無常。又常言「心猿」，心像猴子一樣地活躍，所以也該像訓練猴子一樣地訓練心。傳統雜技表演中常見的猴戲，表演的猴子都很聽話，但牠們並非原本就如此，而是要通過訓練。剛開始訓練時，綁著牠們的鍊子很重要，因為不管牠們怎麼跑，只要鍊子一拉，就會乖乖回來。同時鍊子也要放長一點，因為這時的猴子還太散亂，綁得太短太緊、太過拘束，牠們會發瘋。同理，心也需要一條將其綁住的鍊子，也就是具體的方法，才能漸漸地收攝。這就好比訓練猴子，如果一開始就採用開放的方式訓練，保證沒兩下子猴子就通通跑光，或是爬到老高的樹上，讓人抓都抓不到；但只要有了鍊子，一拉，猴子就回來了。所以具體的方法非常重要，因為我們的心像猴子一樣散亂，如果沒有鍊子將之隨時拉回，心是無法安住的。所以訓練心就要像訓練猴子一樣，用方法鍊著，只要一跑就拉。

我們都知道呼吸法是讓心安住的最好方法，也擁有長久的傳統。我們早期跟聖嚴師父學方法，師父教的也是呼吸法，師父從一開始就教，我們學了幾天後，工夫就能用得不錯。當時七、八十年代，每個方法及所有運動，師父都是全程地帶，禪眾也只有二十多人左右，所以師父可以盯著每個人，加上那個年代大家都很單純，報紙不多、電腦不普遍，更沒有手機之類的資訊產品，所以大家都很乖，師父講一步，我們就走一步。因為這樣簡單的心思、不做第二想的行事，所以方法用了幾天後，多數人就很安定了。那時吃過飯、出坡後是不能進寮房休息的，想補眠還得偷偷躲在角落睡，如果被師父看見，就會被點進禪堂用功，但我們也沒有覺察到昏沉的現象，即使有，也不像現在那麼嚴重。到了下午兩、三點，當整個氣氛都很安定後，師父就會開始用話頭，大家也配合著用話頭，因為大家的心思都很簡單，所以方法一教，都很容易用上。

後來我自己開始教學，有些學生教了好幾年還不會數息，而我到西方教學時，發現西方禪眾大多是參公案，所以也不會數息。有的西方禪眾動輒就說找到答案了，要找師父為他印證，可是要他數息卻不會數。我還遇過已經在教授初階禪訓班數息法的指導老師，他自己也不會數，因為他來打七時，我發現他數不到呼吸。這些情況都是基礎不紮實。

因此，我在指導西方禪眾時，會特別提醒他們要留意自己所用的方法，是否跟妄念交雜在一起，他們聽進去，也明白了，所以現在很多人都會乖乖數呼吸，而他們也發現自己用了呼吸法後，以往所用的方法都起了現行，這才了解，原來以往真的是用妄念、憑想像在用功，而非處在一心的狀態用功。

由於西方禪眾的學習系統很多元，許多人並非採用佛教系統的方法，但追根結柢，以呼吸法為基本工夫，長久以來已是佛教以及非佛教定學、禪修法門的傳統，假如基本的呼吸法都沒用好，那是無法修到一心的，但很多人卻是方法沒用好就跳過，或是自以為利根者，不需要練習這麼淺的工夫。這兩種都是偏差的心態。前者以為方法用不上就可以不用，既然自己跟呼吸法不相應，那找別的方法即可，問題是，基礎方法若是沒用好，找來找去所有的方法可能都不相應。

實際學習時常常出現一種狀況：當你接觸一種比較新、有新鮮感的方法，學習之初可能很快就有具體的成績展現，讓你以為工夫用上了，可是當要再繼續深入用方法時，卻發現又用不上了，一旦出現這種情形，你就覺得是自己跟方法不相應，反正方法多的是，那就換一個就好，以致於每次換新方法，剛開始都覺得這個方法好，之前學的方法沒那麼好，而用了一陣子後，又覺得這個方法沒那麼好，好像還有更好的方法，於是又再找方法、換方法，一直換、換、換，換了好多老師、好多方法，到最後兜了一大圈，花了大把時間，卻沒有一個方法能用，一事無成。

方法簡單才易調心

有人會認為呼吸法屬於初階：「我哪裡是初階的人呢！」所以就要用自己的

妄心，去修那些所謂頓悟的法門，或者自以為高明的方法。當他們把開悟視作追逐的目標，所有妄念都朝向開悟追逐，過程中會產生種種經驗，身心也會發生變化，這些都是正常的，但這些人會抓住每個變化，只要是以往不曾有過的經驗，就抓住它，將它視為開悟的過程，甚至是開悟的體悟。仔細觀察，這些人往往公案讀得特別多，讀過後就將之收藏在心裡某個角落，當用功時某則公案突然跳出，他們一把抓住，就以為自己開悟了，其實這都是一堆妄念在用功，還誤以為自己是高人。

再者，西方人了解的佛法就是空、參就是開悟，兩者結合，觀空開悟，即是他們以為的佛法。然而，這樣佛法義理並不完整，有不少西方禪修者根本不知道因果的道理，只知道空而已，甚至還有人不願意承認因果的道理，這樣來禪修怎麼可能學得好呢？於是就落入許多妄想，把妄想當真，過程中有許多不同的經驗，有些經驗甚至非常奇特，這些經驗只要一出現就抓住它，修到最後，他們滿身都是「開悟」了。

其實這種狀況，不只在西方，在東方也是屢見不鮮。問題出在哪？就在我們的身心，還不是處在安定的狀態。要知道修行的方法是愈往高處愈簡單，心則是從多心慢慢調到一心，到最後把一心也空掉，即無心。也因此初階的方法會比較繁瑣，打坐還得先調身體，身體會有很多複雜的現象出現，隨著這些現象慢慢調和，工夫就會愈來愈好，身心也會愈來愈簡單，整個身體沒有先前那種沉重、複雜的覺受，種種氣動、觸的狀態愈來愈輕，到最後連身體的觸覺、身體的存在感都變得很輕微，這就表示身體在調和的過程中已逐漸趨向簡單。

方法的道裡也是如此。開始用方法時，會提供稍微複雜、比較粗的方法，因為當時的心思狀態還是複雜的，所以用功時就要通過一些提醒來調正心態，而當方法用上後，妄念就會隨之減少、沉寂，心也會愈來愈簡單。試想單純的心，卻用複雜的方法，結果就是又跑回粗的狀態，這樣並不合理，所以方法一定是愈來愈簡單，簡單到最後就是空。還有什麼比空更簡單？還有什麼比無形更簡單？沒有了。所以「入畢竟空，滅諸戲論」，所有我們能夠談的、能夠想的、能夠用相表達的，全部寂滅了。修行一定是朝這樣的方向而去。

但如果你發現自己的心思仍是很複雜時，就不要想你已經很簡單——你覺得你很簡單，是因為你「覺得」你很簡單，而且是用很複雜的心「覺得」你很簡單——

這種情況下，你還是要知道此時的身心處在何種狀態。不論如何，都要提醒自己回到現有的狀態來，如果沒有回到當下現有的身心，即使知道再多的理，也無法用功。回來時，先審查自己身體狀況複雜嗎？心理狀況複雜嗎？假如身心仍然複雜，你要接受這個事實，因為這表示你的工夫還需要透過很多的方法，或是比較粗的方法來處理。你不要再想像自己高人一等，可以用最高明的方法開悟，而是要踏踏實實、老老實實地面對自己當下的狀態。

如果你用呼吸法能夠很清楚地覺察自己的呼吸，並且數得很好，數到把數字放下後能夠隨息，甚至在隨的過程中，慢慢地還能將呼吸放下，這時你的心便能凝聚，也就是達到止的狀態。也有些同學覺照到身心統一，就表示在練習方法的過程中，已達到完全放鬆的狀態，身心變得非常敏銳，心很容易觸覺到全身，即身和心達到統一境。

有這種工夫很好，就可以審查自己當下的身心是否很簡單，方法是否很簡單地就用上去，而不用經過各種思惟：「我知道、我覺得、我現在身心統一了，我現在用默照……。」這些是用意識不停地想，想到最後「覺得」自己好像身心統一了，但又不太確定，所以就出來看一下自己有沒有身心統一，看有統一了再進去繼續用功，身心統一變成一個房間，喜歡就進去裡面統一一下，然後再出來看看是否真的統一，一會兒進去，一會兒出來，所謂的默照統一境可以這樣跑進跑出地看嗎？跑進跑出的是誰呢？趕緊來參一下這個話頭！像這樣的同學，如果他還問自己是否身心統一，我現在就能回答他：「不是。」他所表現的其實是很複雜的心思，既然如此，就要老實一點，先找呼吸再說；但找呼吸不是要他坐著想：「我要找呼吸、我要找呼吸……。」然後多呼吸兩次頭就暈了，或是因為控制呼吸，又把身體弄複雜了，這些方式都不對。

身體調好後，接著要把妄念放下，這其實不太容易，但方法說來也簡單，就是放縱它，不要再去追逐它或抵抗它。也就是放任妄念生生滅滅，隨它自生自滅，而不要做任何的回應。然後再把心的注意力，用來觀察身體，觸覺身體的各個部位。這個過程有點複雜，首先，要注意身體有沒有調好，如果調好了，那麼就保持靜的姿勢，此時可以暫時什麼方法都不提，好讓複雜的身和心慢慢地安靜下來，當身體很靜時，唯一的動就是呼吸了，當然也有人能觸覺到心臟的跳動，這部分可以先不理會它，專注覺察呼吸的觸覺即可。注意這時不要把呼吸的觸覺放得太廣，假設觸覺的範圍太廣，方法就會變得複雜，也較可能出現控制呼吸的現象，所以當身體完全放鬆後，只要把注意力放在鼻腔，感受呼吸從鼻腔進出時，氣的流動與微微的觸覺，這就是一種簡化的方法。

覺察妄念，回到呼吸

覺察的同時，會面對各種妄念，以及身體比較複雜的觸覺，這些觸覺往往都比呼吸強，妄念也比覺察的心更為粗散，以致於深細、專注、清楚覺照的心，常常不容易保持，不是被妄念帶走，就是被身體比較粗重的觸覺拉走，當覺察到了，就要把心提起來，再回到呼吸上，專注體驗呼吸的進出。記得要把它簡化到只憑著觸覺、知道氣息的進出就好，不要再加入任何個人的意念，如果能夠如此持續用功，心就會慢慢地安定下來。

只是上述的方法運作時，因為它太簡單了，我們複雜的心和身體常常還是用不好，於是又要再加上一些複雜的或是粗一點的方法，才能把它用好。不過我們現在主要要練習的，是不管身體出現任何狀況，都要用正確的心態面對它，不斷地把注意力收回到我們的身根、觸覺我們的身根。於此同時，我們是處在一種放鬆的狀態，保持自然的呼吸，當覺察到呼吸的進出時，就把注意力放在這裡，保持對呼吸進出的覺知即可。

這個具體的方法，就像用一條鍊子綁住我們如猿猴般散亂的心，即使過程裡心跑掉了，你知道該讓它回到哪裡——回到你的呼吸。如此不斷地練習。如果你已經沒有那麼多妄念，或是其他方法用得比較好，當然可以繼續用方法，如果發現自己還有很多妄念、想像，那就把這些都放下，回到最基本且具體的呼吸法上來用功。

自然呼吸

用方法時，一定要保持身體的放鬆，先做好調身，再來調心，而在調身與調心之間，必須先調呼吸。調呼吸不能刻意地調它，調身所調的是一個我們可掌握、可令其安定下來的軀殼，呼吸則屬於身體的自然功能，所以我們在調呼吸時，一定要讓它保持這種自然的狀態。

不要控制呼吸

假如呼吸無法保持自然的狀態，就會顯得粗重，甚至粗到可以聽到聲音，或是感覺到很粗的氣在流動，這些情況即表示呼吸不調和。呼吸若不調和，就無法借用它來調心。

呼吸為什麼會不調和呢？主要是因為控制呼吸。這是很多用呼吸法的人，會遇到的問題。當察覺不到或找不到呼吸時，我們會採用一種比較粗重的呼吸相，使其顯現出來，這樣就能感覺到它，知道呼吸正在運作；然而，於此同時，因為我們控制了呼吸，身體便會呈現某種程度的緊繃。

不同於呼吸的自然狀態，為了讓呼吸顯得粗重，以便找到它，呼吸部位就會產生一種刻意的動作，當這個動作顯現之時，此處就會變得緊繃。所以諸位若是用控制呼吸，來找到、感覺到呼吸的話，很可能過一陣子你就會感到胸部很不舒服。當然也有些禪修方法，是在呼吸上作意，或是比較刻意地去注意它，但若是太過刻意地注意呼吸，一不小心就會變成控制呼吸。

還有一種呼吸法，注意的是腹部呼吸。一些歌唱者或練氣的人，也很常用到。至於運作在禪修上，比較正確且順暢的方法是，隨著呼吸自然運作，讓氣息自然地變深。這整個過程皆屬身體內部的運作，顯現在外部，吸氣時，肺部自然地微微脹起，接著氣往下壓，換腹部微微脹起；吐氣時，腹部自然地微微縮回。腹部的脹縮之間，我們為了能夠覺察得到，氣可能會吸得比較深，只要是自然的運作，就沒有問題；但若是刻意控制，就可能產生氣動的現象。這是採用腹部呼吸法，一不小心就會出現的狀況，為了避免發生這個問題，我們就盡量不去碰觸這個部位，只要很簡單地，注意呼吸進出的部位，也就是鼻子。

當鼻息進出，因為有氣的流動，我們可以很容易地觸覺到。這種呼吸的觸覺比較細微，當身體放鬆，呼吸自然呈現細微的狀態，這時如果覺察不到呼吸，通常不是呼吸出了問題，而是因為心過於粗重。一般來說，身體最粗重，呼吸居中，最細微的是心，但心有時也會顯現得比較粗重，甚至粗重到無法覺察身體。

每個人五根的敏銳程度不同，有些人眼睛非常利，不戴眼鏡就能看得很清楚；有些人耳根利，即使隔一道牆說話，都能被他聽見；至於鼻根利者，別人點香，他即使坐得老遠，也嗅得到，更敏銳的，還能分辨出是什麼香。有一種正在流行的香道，很多人以為來自日本，但其實起源自中國，只是宋朝後便失傳了。以沉香為例，這種香道經訓練後非常厲害，有的人鼻一嗅香，就能說出是什麼地方的沉香，這個香沉了多少年。至於我們，大概只說得出「這個香不錯」，至於是什麼香呢？不知道。這就是鼻根不夠敏銳。舌根也是如此，如果身心調得很放鬆，即使食物清淡，依然能感受其美味。

有的人身根很敏銳、很放鬆，這樣的人來禪修，往往一坐下、一審查全身，身跟心就能貼在一起。這是由於身根敏銳，心很容易觸覺到整個身根，心與身就統一了。假如在座有同學達到這個程度，那麼聖嚴師父教導的默照方法對你來說，就非常簡單、容易，因為只要一坐下來審查全身，你就能安住在統一境；然而，這樣的人並不多，多數人的身根都很粗重，所以心就會去找這個粗重的感覺。

身根之所以粗重，一部分是身根本身的問題，另一個原因，是因為緊繃、不放鬆。緊繃雖然在觸覺上感受強烈，但並非讓我們感受敏銳的強烈，就像打坐時的腿痛，不用敏銳都會痛，會感到身體繃得很緊。所以身體若很粗重，觸覺到的痛就會是很不舒服、很干擾的痛，因為觸而後有受，正是這個「受」讓人感到不適與苦；反之，身體若放鬆，即使腿痛，或是身體有些地方不太順暢，我們可以很敏銳地觸覺到這些痛，但不會覺得它是一種干擾，因為此時的觸覺，只停留在觸覺的狀態，它不會引發苦樂的感受，也就不會產生「我很難過」的覺受。

平時身根很放鬆、很敏銳的人來用功，他們只要心一收攝，就能很直覺地觸覺到身根，心與身就能貼在一起，達到統一境；可是多數人的心沒有那麼細膩、敏銳，覺照的作用也不夠安定，加上身根又粗，所以有的人在運作方法時，就會用比較粗重的心去想像，現在身根是什麼樣的一種觸覺。假如一直是靠想像在用功，那麼不管方法用了多久，都不會進步。

很多人在進行包括打坐在內的各項學習時，容易產生一種不甘心的心理，覺得：「為什麼我做不到？」因為不甘心，所以就算做不到，還是要感覺自己做得到。以這樣的心態學習打坐，心就會加上很多妄念，透過想像，暗示自己也能做得到，久而久之，人就會停滯在這樣的狀態中，每回打坐就是重複同樣的狀態，這樣當然無法進步。這就好比每次喝茶，都說：「差不多，不錯！不錯！」這就是沒有訓練舌根，讓它敏銳到足以分辨出茶的品質好壞。假若舌根經過訓練，逐漸敏銳其觸覺，如此過了一段時間後，便能品出茶的良莠。身根亦然。如果每回打坐都一樣，靠的都是妄念、想像與自我暗示，實際上卻是讓工夫一直停滯，那麼不管坐再久都沒用。這點提醒很重要，很多老參就是這種狀態，一直以來都停滯不前，卻還以為自己有用上工夫，持續在進步。

還有一種情況。禪修期間，我們每天都有小參，但有些老參從來不去，因為他認為自己沒問題，老師也無法與之溝通、交流。還有的老參，看到負責小參的法師比較年輕，心想：「我都比你厲害！」那當然更不會去小參了。

所謂「學無先後，達者為師」，能夠負責小參的法師，對於方法必然有些經驗與理解，所以在和他們交流的過程中，很可能會讓我們發現一些自己沒注意到的問題，當然也有很多同學，在小參時就會主動說出自己遇到的各種問題，但如果有同學完全不去做這件事，他會認為方法就是他現在所運作的樣子。像這樣的同學，在禪期之初一定得去小參之時，通常都不是很合作，問他：「學的是什麼方法？」「學默照。」「你怎麼用默照？」「我跟聖嚴師父學過默照禪四十九。」「這跟你怎麼用默照有什麼關係？」「我已經跟師父打了四十九天的默照禪，你何必問我？」話說到這，小參法師也只能回道：「好了，你可以回去了。」不用談了，因為他根本不願意談。

其實他的回答，已讓他掉入自己設下的陷阱。事實是他不願面對自己的真實狀況，才要藉師父來保護自己；但這樣的自我保護很危險，因為他不會再進步，既然他都請出師父了，小參法師也沒辦法再跟他談下去，結果是不論他有無問題，都沒有人能告訴他。這點諸位一定要特別注意，不論你們學習方法的資歷有多深，過程中多少都會遇到一些問題，就算你認為沒有問題，還是要找老師談一下，往往就是在對談的過程中，會讓你發現自己尚未發現的問題，如此才能持續進步。

有些同學告訴我：「我沒辦法數呼吸。」「為什麼呢？」「只要一數呼吸，我就會控制呼吸，所以我不能數呼吸；甚至我也不能觀呼吸，一觀我就會緊張，接著就會控制呼吸。」——這就是心理障礙，因為已預設自己會出問題，便會告訴自己：「我不能注意呼吸，一注意我就會控制。」

平時我請人喝茶，有的人喝之前會問我：「喝了晚上睡得著嗎？」我就告訴他：「睡不著。」因為他已經在想喝了茶會睡不著。或許他有過一、兩次喝茶後睡不著的經驗，但那未必是茶的問題，也可能是當晚有什麼讓他開心的事，比較興奮，導致晚上睡不著，又剛好那天喝了茶，他便認為是茶造成的失眠。

由上可知，我們常會做出許多的預設，再用這些預設把自己障住，這是用功不得力的原因之一；另一個情況是，有的人說：「我不能數呼吸，只能隨呼吸。」結果他隨了好多年，都沒有進步，因為他並非真的在隨呼吸，只是在覺察呼吸，覺察的過程又斷斷續續，中斷的時候一定沒有醒覺，等到續了回來，又把先前中斷的過程給忘了，這就是妄念太粗，連自己的心跑掉了都不知道，還以為自己在隨呼吸。

事實上，假如不能數呼吸，則也無法隨呼吸，因為這種隨只是斷斷續續地覺察呼吸而已，這樣的隨不管持續多少年，工夫都是停滯的，不會進步。比較麻煩的是，有些人落入這樣的停滯狀態，卻仍以為自己還在用隨呼吸的方法用功，這就是斷的時候妄念太粗，而沒有覺察到自己已經失去正念，也就是沒有對呼吸保持專注、覺照，如此用方法，工夫必然落入停滯而無法進步。

放鬆身體只管打坐

如果你一覺察呼吸，就會控制呼吸，表示身體不夠放鬆，所以為了要找到呼吸，要把注意力放在呼吸上，就會有意無意地加重呼吸，這樣就變成了控制呼吸，如此自然無法直接覺察呼吸；但我們不能因此就不用方法，所以有這種情形的同學要持續放鬆，可以先把所有方法都放下，只是坐著就好，也就是「只管打坐」。只管打坐的方法更簡單，但愈簡單也愈難做到，不過此時的只管打坐，是沒有方法的方法，因為你已經沒有辦法用其他的方法了，這時就只能只管打坐了。

當你只是坐著，可能會發現你的身體繃得很緊，而且妄念很多。這些來來去去的妄念，也影響了心理狀態。要知道人的妄念一多，身心就會比較粗重，而我們之所以讓妄念一直保持在粗的狀態，是因為心會去追逐或抗拒這些妄念，換言之，我們讓心與妄念形成對立。再者，我們會覺察到這麼多的妄念，是因為我們把身體靜下來了，隔絕了五根對外的攀緣，這時根觸境的作用就會向內回攝，以致身根感受變得敏銳，此時很可能會特別容易感到不舒服，對腿痛也特別敏感。

有些同學平日也習慣盤腿看書、看電視或用電腦，但平時的注意力是向外的，所以身根的觸覺沒有這麼敏銳，而打坐時，因為隔絕了諸多外緣，觸覺的作用便會加強，就會比較容易感到不適。

五根中，又以眼根對外攀緣的作用最強，約占七成以上，若再加上耳根，則幾達九成，隔絕了這兩根向外攀緣，身根的作用自然加強，此時心就比較容易反觀，更內在的意識也會顯現出來。所以我們坐下來看到很多妄念，但事實上妄念一直以來就那麼多。同理，身體有些部位，一直以來就有一些不舒服的觸覺，但因為平時五根的觸覺是向外的，所以不舒服的覺受便減輕很多。

若觸覺大多是向外的，便不易察覺意識內的活躍性，而一旦察覺，首先即是感到身根的不舒服，這時就容易產生抗拒的心理。所以打坐時，一方面身根保持在很粗重的狀態，無法調和，另一方面，心裡又出現很多粗重的妄念，我們也與之對抗，以致有些同學打坐打得很煩躁：「為什麼我有那麼多妄念？是不是因為我打坐才有妄念？」當心生起種種疑惑，其實是給自己製造更多的妄念，這時又要再去抗拒這些妄念，於是瞋心就跑出來了。妄念已經夠粗重了，又加上一個更粗重的妄念：瞋心，結果心變得更粗重。身根粗重，心也粗重，如果身心連基本的安定都做不到，那是無法用方法的。

打坐時，之所以會控制呼吸，是因為身心太粗重，以致不易覺察呼吸，若又急著要注意呼吸，這急躁的心就會去控制呼吸。所以我們現在放鬆，也就是只要坐在那邊就好。坐著時，姿勢一定要調整，同時心裡一定要有一個很重要的念頭，知道自己在打坐，這個內在的自覺一定要保持。接著，在放鬆身根之時，不要對其觸覺產生抗拒心理，因為愈是抗拒，就會繃得愈緊。很多人會用忍的方法，希望度過這些不舒服的覺受，但這個忍是強忍，反而會讓身心愈繃愈緊。打坐打到很昏昧，本來是要睡著了，可是為了不要睡著，就張大眼睛：「我跟你拚了！」你跟睡魔拚什麼呢？你就讓他得逞，睡了，睡醒就沒事了，等你睡夠了要你再睡，你就睡不著了；但如果睡不夠還要硬撐，終究是會倒下去的，因為愈是硬撐，愈會消耗我們的能量，正能量消耗，負能量就會增加，增加到最後，恐怕睜著眼睛都會睡著。所以用強忍的方式，只會讓自己更疲累而已。

把心放在呼吸上

正確的方式是要練習放鬆。放鬆的意思是不要再用力，打坐腿痛了，不要忍它、不要用力，繼續放鬆，我們只是坐著，讓身體保持調正且自然的狀態即可。心理放鬆亦然，就是不要再用力。對抗妄念就是用力，愈要對抗，就會愈用力，所以不要用力，也不要追逐。換言之，在妄念來來去去、生生滅滅的過程中，心只要保持在觀看的狀態即可。這有點像是把自己當作旁觀者，當妄念跑來跑去的時候，你只要看著它就好。打個比喻，長假期間的旅遊景點常常是人山人海，設想當你走在一條鬧街上，若是被人潮捲了進去，那你根本不用走路，就會被人推著走，至於最後會被推到哪兒，不知道；至於打坐，各種妄念就像浪潮般一波波捲起，這時我們要把自己抽身出來，看著這些念頭彼此推來推去，感到很有意思，但要注意不要被捲進去，不要像走在大街上，一看到什麼有趣的人，就跟著跑了。你只要看著，看著形形色色的人，看著他們錯身來往。

同樣地，打坐時，就只是看著形形色色的妄念，沒有抗拒，也沒有追逐，只要不要再加東西給它，慢慢地你會發現，這些妄念就過去、息滅了，隨著生滅的自然規律，心就會逐漸沉靜下來。也由於身體只是坐著放鬆，你會發現自己的呼吸原來就在這邊——眾裡尋他千百度，原來就在鼻孔間。你覺察到原來呼吸是這麼自然，這時把注意力放到這邊，你就不會去控制呼吸，因為身心都放鬆、調細，也變得更敏銳，相應的觸覺就會出現，讓你可以把心安住在此。

在這個過程裡，可能會有一個狀況：儘管你已注意到呼吸，但妄念仍在，身體不舒服的觸覺也還在。這是因為身體還沒有完全放鬆，所以在身體變得比較敏感、能夠注意到呼吸的同時，痛的觸覺也跑出來了，此外，一些比較粗重的妄念，還是會把你吸引過去。換言之，整個注意呼吸的過程，可能還是斷斷續續的，假如你不知道是什麼時候斷的，那麼在斷的期間，可能就會失去覺照。

打個比方，你現在在注意呼吸，一個妄念把你帶走，忽然你覺察到，應該要回到呼吸上，那麼這段把你帶走的時間有多長呢？很可能你不知道。也許中間斷的時間滿長的，而當你醒覺到要注意呼吸時，會覺得注意呼吸的念頭彷彿剛剛還在；又比如腿痛拉走了你的注意力，覺察到自己不該被拉走，又把注意力回到呼吸上，你是在續的情況下收回來，這時會覺得自己彷彿前一念都還在注意呼吸，心只被拉走了一會兒，但事實上，你很可能被拉走了很長一段時間，只是因為你在斷的過程中，心失去覺照，才讓你感覺好像只被拉走了一下子而已。有些人以為自己是用隨呼吸的方法，隨了多年工夫仍停滯，沒有進步，就是這種狀況。

有上述狀況的同學，表示身心仍然有些粗重，無法細膩到讓心與呼吸一致。要達到心與呼吸一致的程度，身心都必須調和到更細膩的狀態，才能讓身與心的敏銳彼此相應，這時即使是如呼吸進出般如此微細的觸覺，你都能夠覺察到，並持續保持覺察。可是我們很多時候達不到這麼細膩的狀態，身心尚處在比較粗重的階段，這時就要用比較粗重的方法，太細膩的方法你是用不上去的。

所以現階段我們就要加方法，稍微複雜一點，加上數目字。當你覺察到呼吸時，你是清楚知道的，同時不要急著馬上要把數字加上去。急著要數的人，是因為他怕呼吸跑掉，所以要趕緊抓住呼吸，讓它不能跑，他才能把數目字放上去，但這樣的結果，是很快就會開始控制呼吸。所以不要控制呼吸，那就不要急著加上數字，我們可以用比較和緩的方式，知道自己的呼吸，覺察它，感覺愈來愈清楚，也更安定，氣也愈來愈順，我們就保持這樣的狀態，不要斷續，接著再把數目字加上去。

數呼吸的方法

其實數呼吸的方法有好幾種，不同的老師有不同的教法，在此我們將方法簡化，簡化到只有一個數目字。放上數字的時候，是輕輕地放在呼氣上，在整個吸與呼的過程中，吸氣的時候，你知道，呼氣的時候，你也知道，而在呼氣的時候把數字輕輕放上。因為呼吸是一個很自然、一定會有的過程，所以數字於吐氣時輕放即可，不用急。

有的人用方法時，會把數字放在呼吸的轉折處，「吸、一呼」、「吸、二呼」……這樣也容易控制呼吸。正確的方法是「吸、呼一」、「吸、呼二」……呼氣後輕輕把數字加上。數呼吸的用意，一是要強化我們的覺照作用，把身心都調得更微細，所以放上數字時，感覺一定是輕輕的；再者，藉此不斷提醒自己，心要放在呼吸上。如果運作方法時，數的數字掉了，就表示原本該是很敏銳的覺照作用散掉了，接著專注力也跟著散掉，最後連呼吸也沒注意到，這樣就落入斷的狀態。和隨呼吸相比，數數時斷了，比較容易醒覺，若少了數字，可能斷了很長一段時間都不知道。由此可知，數字的作用，是幫助我們加強警覺的心。假如你數到三，接下來的四卻沒出來，你就知道自己的專注力、覺照力開始散了，這時就先把數數放下，把注意力收回，先注意呼吸，然後再數呼吸。

這個方法的好處是，只要數的數字一斷，你會很快醒覺，如此一來，斷的時間就短，續的時間則延長，續的時間若能延長到能持續不動、不斷，就表示方法用上了，心與呼吸就能保持在統一的狀態。至此，你可能會覺得呼吸比較細膩，而數字則有一些粗重，因為你已度過了比較粗重的階段，所以現在你就可以把比較粗重的方法放下，進入到「隨息」的狀態。

這時的隨息，因為心與呼吸是一致、清楚的，也就是心已完全安置在呼吸上，這樣才是正確的隨息。隨息的運作持續下去，就可以更深一層，達到止的程度；但若過程中還是斷斷續續的，那就不是隨息了。這表示你的工夫是停滯的，且身心仍處在比較粗重的狀態，所以這時就要回到數呼吸，用比較粗重的方法調和仍粗重的身心。比較粗重的方法一定會稍微複雜，得加一些東西進去，隨著身心調和得愈來愈細，也愈來愈安定，慢慢地就不需要這些粗重的方法，可以把它放下。

在方法運作的過程中，通常是出於自己的作意，將較粗的方法放下。對於身心已進入較細狀態的人來說，這樣沒有問題；但如果是狀態還沒有保持得很好的人，又作意要將方法放下，進入到更細的方法，很快地就會發現，又出現中斷的狀況，這時就要回到數呼吸的方法上。假如在數數時，發現一堆妄念又來了，以致數得不好，那麼可以先把數字暫時放下，先覺察自己的呼吸。覺察呼吸的過程，可能也是斷斷續續的，甚至感到控制呼吸的狀況又出現了，那麼就把對呼吸的專注也放下，回到身體的放鬆。這時可能會發現，身體有一些不舒服的觸覺顯現，妄念也多，那就不妨先調一下身體。

當方法用到一個程度，用不上去了，這時不要硬推，硬推不但推不上去，反而會讓身心更粗重。正確的處理，是回到較粗的方法，重新調過。記得不要勉強自己，數不到呼吸還硬要數，結果一定會控制呼吸，不進反退。這時反而應把數數完全放下，先回到調正坐姿上，調一下身根，接著做一、兩次深呼吸，讓自己放鬆。這就是回到最基本的工夫上，即調身工夫。接著注意呼吸，持續放鬆。所謂放鬆就是不要再用力，保持好打坐的姿勢，同時也保持對妄念的覺照，對妄念不抗拒，也不被拉著跑；至於身體，無論有什麼觸覺顯現，都盡量放鬆，慢慢地心就會沉靜下來，就能覺察到呼吸，這時再把注意力放在呼吸上。

清楚當下的身心狀況

清楚自身當下的狀況很重要。練習方法時，若能覺知自己的狀態，就能順著身體當下的因緣來用功。當下的身心比較粗，那就回到比較基礎的方法上，最基本的工夫是保持坐姿，保持心的安定，持續放鬆，妄念來了，既不抗拒也不追逐。只要發現比較深細的方法用不上，沒有關係，持續保持坐姿，持續放鬆即可，因為這是基礎的工夫，只要能藉此放鬆身心，接下來要往上提昇的基礎就會愈穩固，爾後，再練習較微細的方法時，就會感到自己是很穩定地向上。

練習方法時，要時常審查自己身心的狀態。課程中，方法可以教導諸位，次第也可以幫各位建設起來，這個已經設計好的方法本身沒有問題，接下來的重點是，每個人的身心如何與之相應？畢竟每個人的身心是活的，也是每個人的身心在運作方法，如果這個運作方法的身心有了問題，或是身心不在狀態裡，方法就用不上了，即使勉強用，身心也無法和方法相應。所以在方法運作的過程中，一定要調和我們的身心，同時順著身心的狀態、程度，採用相應的方法，如此用功方能持續往上提昇。

假如你認為已學了較高階的方法，自己就得達到這個程度，一定得用上高階的方法，問題是，你身心的狀態尚未達到條件，如此硬推，那麼方法沒有問題，是你的身心有問題。俗話說「勉強是沒有幸福的」，何必硬推呢？我們又不是在跟方法拚搏。要知道我們是自己身體的主人，這個主人一定要非常清楚自己的狀態，如此才能好好地運作方法。只要方法運作得好，就能幫助你調和身體，把你的身體調得更好，這樣就可以進一步往上提昇，乃至用上更微細的方法，其所發揮的功能，又能幫助你持續調身與提昇。由此可知，對方法的整體運作程序是否熟悉，以及對身體當下的因緣、條件、狀態是否清楚，對我們能否用功得力至為關鍵。

每個階段有不同程度的方法，只要是與我們身心相應的方法，就是那當下最好的方法，因為它完全符合我們身體的需要，且與身體的當下狀態相應。請記得我們是身體的主人，是我們這個身體在用功，把握好這一點，就能確保我們每一次用功，都用對方法，這樣方法就能發揮調和身心的功能。

方法愈用愈簡單

所謂的用功，就整套方法的運作來說，首先是要讓身心收攝、凝聚，漸漸處在一種很安定的狀態，也就是調心調到「制心一處」，這是基本的工夫。在修學禪定的方法中，從止觀的角度而言，這部分比較偏止；但在運作方法時，在心安定的同時，也必須處在一種很清明、清楚的狀態，意即還必須有觀的作用。這是在用方法時，必須要注意的。

心的運作原理

實際練習方法時，主要是借用身根的觸覺，至於禪法的修行理論，則大多偏重「一心」，意指心是一個整體。其實這也是一種相對的說法，因為心實際上可分成不同的功能運作，也就是眼、耳、鼻、舌、身、意的六識作用。六識必須依六根為媒介，由六根接觸六塵，六識的功能方能運作。

心基本上是一整體作用，但能分成不同的功能運行。若要收攝心，使其成為一個整體運作，也就是處於一心的狀態，就必須透過方法，將這些不同的功能收攝、凝聚。

心的作用（識），是以「根」為媒介，接觸外塵。眼、耳、鼻、舌、身、意識的第六意識依意根緣法塵，是屬於心比較內在的作用，至於依眼、耳、鼻、舌、身前五根為媒介，緣色、聲、香、味、觸五塵的運作，則屬於心比較外在的作用。前五識的作用因為較分散，且接收的訊息很混雜，假如任由五根攀五塵，並將這些雜亂訊息傳到意識，長此以往，心累積成慣性，意識的運作會和雜亂煩惱的狀態相應，如此一定影響到心整體的功能，導致心產生迷惑，以及貪婪、抗拒等負面的心理運作，衍生許多不安的情緒，這些負面心理運作累積的慣性，又會持續不斷地造作，然後招感果報，如此便形成了輪迴。

了解心的運作原理，就能掌握調心方法，用功的目的則是讓心安定，在清明的狀態下，讓心的一體性的功能得以發揮。同時我們也要知道，心的安定與清明狀態，其實是心的本然性作用，換句話說，心的自性是清淨的，其本然性功能就是定和慧的一體運作。儘管我們現在覺知到的狀態並非如此，但只要心能順著清淨自性，也就是定慧一體的本然性功能運作的話，那麼所有的問題，包括煩惱、不安等各種負面情緒，都會息滅。

無始以來，我們為這本自清淨的心，附加了許多東西，累積了許多問題，理解這一點後，就要讓心回復定慧一體的本然性運作，只要心能處在這樣的狀態，即使外塵還是會現出雜染的相，但卻不會對心造成干擾，甚至還可以更進一步順著這些因緣，顯現並發揮心的各種不同功能，藉著這些功能度化眾生，讓更多人來用功修行。

凝聚心的方法

只是大多數人此刻的心，和「一心」的理論與狀態是有距離的，所以必須在心既有的雜染狀態下，透過方法的設計，讓心的本然清淨與定慧一體的作用完整且自然地顯現、發揮。我們知道心又分散為不同的根、識等作用，若要讓這個已被分裂、分散的心制於一處，就必須利用心本身的某一些功能，而如果直接回到心比較內在的功能，雖然也有這樣的方法，但對初學者來說，可能不容易把握，所以我們會先借用身根的觸覺，也就是透過呼吸，來凝聚我們的心。

其實傳統禪法中，也有借用眼根的方法，透過某一物體的地、水、火、風四種不同性能，讓眼根緣此境，以達到收攝乃至一心不亂的程度。耳根則是大乘禪法出現後，方才提及。鼻根是中國禪宗出現後，才有所謂香與禪的結合。在《維摩經》裡，有提及一專門用香聞法的淨土，即「香積佛國」，若對香道有興趣，也可嘗試朝這個方向修行。而和念佛有關的方法，則是「觀像念佛」。顧名思義，是觀一尊佛像，藉此憶念佛以達致一心不亂，所以也是用眼根的方法。至於呼吸法，則是借用身根的觸覺。聖嚴師父教導的默照法，也是借用身根做為所緣境，兩者都是讓心在觸覺身根的過程中，逐漸達到心與身的統一。

依身根、緣觸塵而產生的身識作用，具有讓心凝聚、集中的功能。由於心平時的慣性就是五根攀五塵，而我們練習用方法，就是將心集中在一個根與識的作用，讓它專注在一個境上，藉此收攝心，使其凝聚並逐漸達致統一的狀態。要注意的是，呼吸雖是通過鼻子進出，但呼吸法用的是身根觸覺，而非鼻根。因為鼻根的作用是嗅覺，方才提到的「聞香入道」，就是用鼻根修行的方法。

所有方法的運作，皆有其次第與技巧，也依方法的不同，而有不同的所緣境。若是用眼根的方法，所緣的境就須有外在的物體。例如觀像念佛，中國北方一些著名石窟，一部分是供人觀賞，還有些即是供觀像念佛之用。用此方法者，就必須長期居處於石窟附近，畢竟這麼大的佛像無法隨身攜帶，所以人必須固定於此，如此就等於進入到一種閉關狀態。

閉關需要具備很好的條件。首先，如後期禪宗所謂「不開悟，不出山；不破參，不閉關」，若尚未達到一定程度的一心狀態或開悟體驗，其實很難閉關。因為那種生活與我們的慣性生活有很大的不同，就像現在把諸位放在禪堂裡，某種程度也像閉關，而且我們是一群人一起閉關，期間還安排了很多戶外活動，可以到禪堂外經行、活動，問題是這樣的生活你們能過多久？可能有同學已經在計算解七的時間：「快要解放、就要解脫了！」並且已在規畫下山後要做些什麼，才幾天就已經受不了。想要閉關，身心狀態必須有一定程度的安定，才能安住下來。

再者，閉關時，一定要有人護關。大家能在此打坐、用功，實在是非常幸福，不但有人幫忙把飯菜煮好，還為你們打菜，而且想吃多少都可以，這樣不幸福嗎？實在是比上菜館吃飯還幸福！所以你們都是有大福報，才能來此用功修行。要閉關的修行者，還必須有福報才閉得了關。有的人想閉關，但沒人要護他的關，因為這個人沒有福報，大家都不喜歡他，所以不想護持他。

修行需要具備很多條件，以及修行的福報，尤其閉關需要具足更多的條件與福報。至於我們現在所用的方法，是佛陀自成佛前乃至證成佛果，一路傳承下來的呼吸法，其最大優勢就是呼吸可隨身攜帶，不用背著佛像到處走，你走到哪，呼吸就到哪，隨時隨地要用方法都可以。

聖嚴師父教導的默照方法也是如此，身根的觸覺也是隨身攜帶，整個身體都有觸覺作用。靜態用功時，我們是覺照全身；動態用功時，例如拜佛、經行，也是覺照全身。所以有的人比較相應於動態用功的方式，就可以在動態的過程中，達到心與身的統一，因為他能夠很清楚地覺照引發身根觸覺的動作，觸覺之後，又能很專注地安住在當下的動作上，慢慢地從一個部位到下一個部位、從比較粗的動作到比較細微的動作、從局部動作到整體動作，都能清楚地覺照，如此心和身就統一了。

禪修期間，我們練習經行，初學工夫是把注意力放在腳上。例如慢步經行，是將注意力放在腳底，藉此讓心沉靜、安定下來。逐漸地，當身根敏銳的觸覺與敏銳的心愈來愈相應時，從局部動作到全身動作都能非常清楚地覺照，同時又能安住在動作上，心與身就能在動態中達到統一。這個方法非常善巧，所以同學們在運作時，要先掌握其技巧所在。

我們所用的呼吸法，是借用身根的觸覺，當然也有用鼻根的方法，但就必須帶著香來用功。此外，大乘佛法提到，釋迦牟尼佛說法，有時只是放光，而要看到佛放光，就需要用到眼根。諸位看禪堂中的釋迦牟尼像，會放光嗎？不會。即使會，我們也看不到。更有甚者，光看太多了，會讓人眼花撩亂，於是就有人執著於見光、見色等，這是一些修定者可能會有的經驗。因為定，於是有各種超乎以往的體驗顯現出來，然而，從禪的角度，禪講空觀、慧觀，要知道前述這些現象無非都是眼根的作用，要觀無相、空相，所以不論看到什麼，都要放下。

不過，我們目前尚處於用功初階，一定還是要依有相的方法來用功。有些修習中國禪法的禪修者，動輒談空，或是要用理來做理觀，這些都沒錯，也可以做，但必須建立在修行工夫已達一定程度的定境，才能夠發揮，否則，理觀很容易變成妄心的思惟，這點很重要。

由於方法的運作，必須專注於一，方能達到效果，所以現階段我們得先把所有的方法都放下，只採用呼吸法。

定慧一體，止觀雙運

我們再回來談練習方法運作的技巧。呼吸法是用身根的觸覺，緣一個所緣境，讓我們這個能緣的心，專注在所緣的境上，藉此讓心漸漸凝聚、安定。在此過程中，我們仍很清楚地知道有個覺照的心，知道心本然性的功能即是定慧一體。

專注與覺照，其實就是定與慧、止與觀的作用，修止的同時，也一定要有觀的作用。此處所謂觀，並非思惟的觀想，而是清楚地覺照，也就是很清楚地知道自己當下的因緣，以及在運用方法時，清楚自己的心所處的狀態。所以，修止觀時，即使已進入止（定），顯現出心不動的止境，但此時的心，一定是清楚的。禪宗有所謂的「默」，同樣是指不動的止境，兩者的共同點在於「不動」，而相異之處在於，「止」是止於一境，「默」則是默在當下因緣。我們知道當下因緣，其實是不斷流動的過程，默的作用就是隨著因緣的流動，而能夠安住不動，這種運作方法相較於止，比較屬於慧（觀）的工夫運作。但不論是修止或修默，凡修止就不能離開觀，修默也不能離開照，所以止（默）的狀態裡一定要有觀（照）的作用。

透過方法運作，當心處在統一狀態時，接下來要讓智慧得以顯發，那麼觀（照）的功能就必須更加發揮其作用。以止觀為例，修止觀達到止成就時，此時觀的作用，就會轉化為一種觀想的方法來運作，這個思惟作用，是決定修行得以開發出智慧的關鍵，所以此階段觀的作用非常重要。這時的心，之所以能夠敏銳地進行深細且透徹的觀想，正是因為建立在止的基礎上，換句話說，心一定要處在安穩、安定乃至不動的狀態，方能進行觀想。

我們從整體方法的運作中，可看到止觀運作的次第，大抵是先修止後修觀，修止時，重點放在安定（止）的方法運作，止成就後，即轉入觀，此時則偏重在觀想的方法運作；然實際運作時，因止觀皆是心本然性的作用，故兩者必須並行雙運，不能分開。

中國禪宗特重定慧一體，且較偏重於慧的運作，這點對禪修者而言，這是非常重要的觀念與提示。如果我們理解定慧一體是心本然性的功能，那麼決定我們能否開悟解脫的關鍵，則在於慧。畢竟不論定修得再深入，若慧未顯發，還是不能開悟解脫，也因此，中國禪宗會明顯側重在慧的修行上。

儘管禪宗在定慧上有所偏重，實際用方法時，若未具足基礎的安定工夫，則觀想的運作，很容易就掉入散心或妄心的狀態裡。所以同學們用功，必須先把自己打回原形，回到現有的身心狀態來用功，把握這一點，就能知道用功時該從何下手。

身心簡單好用功

我們在用方法時，可能會面臨包括工夫停滯、上不去，或各種障礙起現行等問題，這時該怎麼處理呢？首先要知道，各種問題呈現的狀態雖複雜，但這正是我們現有的狀態，也是工夫初階的狀態，如果能把工夫一層一層地用上去，一方面對治問題，同時次第發揮凝聚、安定心的作用，待方法用到能夠制心一處之時，接下來的工夫就會愈來愈簡單，且愈來愈順暢。

在端坐的靜態用功過程中，若發現身心狀態都變得愈來愈簡單，就表示方法已慢慢用上去，爾後，持續地用方法，會覺察到身體愈來愈放鬆，心理的負擔也愈來愈輕，坐到後來，整個身體很輕盈、安定，有時甚至感到身體不存在了。其實這是身體很放鬆時的自然現象，我們平時覺得身體很重，就是因為身體有很多緊的部位。所以同學們若感到身心放鬆了，就表示工夫已漸漸得力，而若仍有許多濁重狀態，就表示身心尚在調和的過程。有的同學開始用功時狀況不多，反而愈用功狀況愈多，這是因為方法還沒開始調和，一旦方法用上了，可能會有一段時間特別難過，這是修行的正常過程，一定要堅持用功下去。

想要享受禪修的福報，就要持續培養福報，以免各種問題浮現之時，折損了修行的福報，這個心態與觀念一定要先建立好。

卷四

念念淨土心平安

禪淨共修念佛禪

我們介紹的方法以呼吸法為主，大家基本上也都能熟悉地練習，但未必每個人都是用呼吸法，因為除了五根可做為用功的媒介，也可以意根為媒介來用功。是在放鬆身心後，不去觸覺身根，直接以意識（念）的作用提起方法，這就是所謂的念佛。

當我們覺察妄念讓心不安，就可用方法來安心，在眾多妄念中提起一個正念，讓這個正念成為心主要的作用，藉此讓心凝聚、安定。

除了念佛，不少方法都是運用意念的作用，如不淨觀、慈悲觀是用「假想」，思惟法義則是用「觀想」。在運作這些方法時，念是處在動態變化中。

以不淨觀為例，有九個次第的假想，先假想自己或喜歡的人死亡，然後看著一具屍體腐爛的過程，一個階段、一個階段地假想。這需要一些圖像的輔助說明，將圖像所現的不淨相映入意識，這樣就能在方法運作時，讓這些假想影像的念頭不斷地流動。

假想的方法，則偏向慧觀的作用，止的部分較不明顯，可說是先觀後止的方法。在觀的過程中，心會慢慢安定下來，達到某種程度的止，也由於用方法必須很專注地思惟，所以有助於心的凝聚。

至於慈悲觀，也是許多人會用的方法，但假如要像不淨觀一樣以假想來運作，則很不易，所以多採用「念」的方法，例如引用《慈心經》的一段句子，做為對眾生的祝福，也藉此過程讓慈悲心更加顯發。

慈悲觀的作用，是讓行者不斷散發慈悲與善意給所有眾生時，也調柔自己的心。人的心因常與瞋心相應而剛硬，藉此方式把心調柔後，心比較容易安定，更能讓智慧的功能顯發出來。

心在很剛硬的狀態下，定和慧的功能都無法發揮其作用，必須調柔，定慧方能發揮。因此，有些人會先修習慈心觀（慈心念），練習一段時間，感覺自己的心比較柔軟了，再去修習定、慧，這也是一種前方便的方法。

持名念佛，一心不亂

至於我們在此提出的正念方法，並不是如前所述的思惟，而是用意念的方式，即從經典中得到一個最簡單、具體且可行的方法，也就是「持名念佛」。

持名念佛雖出自大乘佛教的淨土經典，但可融入禪修法門裡。淨土法門談到這個方法時，提出了一個重要條件：執持名號，若一日，乃至七日，一心不亂。此所謂「一心不亂」就是一種定。所以若發願往生西方淨土，一定要一心不亂；如果沒有念到一心不亂的話，阿彌陀佛會不會來？不知道。

《阿彌陀經》中只提到「若一日、若二日、若三日、若四日、若五日、若六日、若七日，一心不亂。其人臨命終時，阿彌陀佛與諸聖眾現在其前。」當念佛念到一心不亂時，阿彌陀佛會現前；若是念得一心大亂，或是多心、散心，這種狀況下，沒有說阿彌陀佛會不會來。

因此，你念佛要念到真能往生，必須具有一定程度的定，否則無法擔保阿彌陀佛一定會來，因為若沒有一心不亂，仍是一心雜亂、散心雜亂的話，阿彌陀佛就收不到你的訊號，不知道你死了；唯有一心不亂地念，才能收到這個訊號。所以發願往生的同學，還是得進禪堂用功，因為經典已經告訴你了，必須念佛念到一心不亂，如此發願往生才有保證。

那麼假設念佛念到一心不亂了，可以選擇不要往生西方淨土嗎？可以。因為我們念佛並不是和阿彌陀佛簽合約，說我們非去不可；但修淨土的行者，基本上就是和阿彌陀佛立了約，這個約就是發願，願生西方淨土中。

很多念佛人很客氣地說，往生只要「九品蓮花」就好，九品蓮花下品下生，是最低的往生條件，例如一個人從來不學佛，也沒做過什麼大壞事或毀謗佛法，平時惡行、善行都有造作，或許惡行還稍多一些，在他臨終時，得遇善知識告訴他：「你要念佛！」他聽了就相信，便萬緣放下地念佛，從一念到十念，念到一心不亂。

這個十念不僅僅是念十聲佛號，而是在他的意念裡，有十念是念佛，即十念不亂地與佛相應。所謂的十念念佛，其實是很不容易的。

十念念佛往生是定的工夫

由於《阿彌陀經》說十念念佛即可往生，很多人誤以為是念十聲佛號就能往生，所以還有一種很簡單的方法，每天早上念十遍：「阿彌陀佛、阿彌陀佛、阿彌陀佛……。」念十次就叫十念，如果這樣的工夫就能往生，這張前往淨土的機票未免太過便宜，可能要承擔的風險也很高，我們還是應該用更保全的方法，十念都必須念到一心不亂，比較妥當，而這就需要定的工夫了。

由此可知，十念不是口念，更不是隨便念十聲就叫十念。十念的「念」是當下的心，必須十念都不亂地念佛，阿彌陀佛才能收到你的訊號。所以往生的時刻，心要處在不亂的狀態，這一念專一念佛，死後放下這一期生命的色身後，下一念即得往生。阿彌陀佛的極樂世界無法用人類的時間或距離來計算，甚至用光年的速度都不一定能夠往生，那要用什麼來往生呢？心能一心不亂地念佛，就可以去了。

方才提及過下品下生，下品下生的往生者竟能在生前得遇善知識，這是多大的福報！而這善知識說的話，他竟然能相信，並且竟能做到一心不亂地念佛……，能有這麼多的「竟然」，真是不容易啊！

因此，發願念佛往生的同學千萬不要存有僥倖心理，以為可以通知全世界的佛友要在臨終時來幫自己助念——誰知道你什麼時候走？臨終有幾個情況，例如開車「碰」地一聲，別人都還來不及幫你念，你就走了。念佛人大概比較少遭遇橫死，但每個人業報不同，因緣很難說；而即便是壽終正寢，晚上一睡就沒醒過來了，沒人知道你什麼時候走，當然也沒人能來幫忙助念。因此，念佛一定要靠自己，念佛念到一心不亂，臨終時才能往生。

為達到一心不亂地念，就需要「止靜念佛」。平時散心念佛雖是一個助緣，也有其用處，但這樣的念法真能往生嗎？可能就沒什麼把握了。所以念佛若要達到效果，就必須念到一心不亂，要用「止靜念佛」的方法。

結合念佛與禪修的方法

後來中國的禪師們，把念佛與禪修的方法結合為「禪淨共修」，此可謂是中國佛教的特色。雖然這兩個法門在一些觀念和方法的運作上，有很明顯的差異，我們的祖師卻仍能融會合一，讓修學淨土法門的行者，可以用止靜念佛，也就是用禪法來念佛，讓他們對於發願往生，能夠更有把握。試想在那麼長的時間裡，不斷地用止靜念佛的方法，勢必能達到念佛念到一心不亂的程度，當心和佛號統一了，當然有機會往生；但如果是借用這個方法，持名念佛念到一心不亂，卻沒有發願往生，而是回到禪法來用功，這樣也是可以的。這就是「念佛禪」的觀念。

念佛法門的方法，運作上包括觀想念佛、觀相念佛、實相念佛，以及現在提到的持名念佛。在大乘佛教中，念佛法門占有非常重要的地位，不論是對大乘思想的推動，乃至各種方法的運作，都有很大的影響力。

至於念佛的觀念與修行方法，最早可上溯至佛陀時代，佛陀交代弟子要念佛、念法、念僧、念戒、念施、念天，念佛位於六念法門之首。當時「念」的功能在於，當修行人因環境問題或修行障礙出現，致使內心恐懼產生負面情緒，這時就能用念佛的方法，念佛的相好光明、佛的功德、智慧與慈悲，透過這樣的觀想念佛，讓心慢慢地安定下來，心安定下來後，種種負面情緒與障礙，也能逐漸獲得清理，如此就能回到自己的方法上繼續用功。

佛陀時代的念佛方法，比較屬於對治的作用，當然也可以借用這個方法持續性地用功。後來由此發展出不同的念佛方法，例如觀佛的相好光明，屬於「觀相念佛」；觀佛的功德、智慧，屬於「觀想念佛」；到《阿彌陀經》流傳後，以執持佛名號的「持名念佛」就更簡單了。至於「實相念佛」，其實是「實相無相」，此時的念佛即進入到觀空的方法運作。

略述的幾種念佛法門，每個方法都各有其內容、次第與技巧，至於能否直接用上這些方法呢？那就要視每個人的因緣了，現階段還是先從觀念與理論上來認識即可。這次禪期，我們則採用最簡單的「持名念佛」方法，因為禪修時，必須將方法簡化，持名念佛就是一個簡單、具體又實用的方法，是大家現在可以用功的一個方法，但能否用好它，則視乎自己的身心狀態了。

體驗生活在淨土

呼吸法和念佛法兩種方法，呼吸法是透過身根觸覺的作用，念佛則是藉由意識的功能，進入心比較內層的作用。

當我們直接觀察心的內層作用時，會發現很多妄念；假如沒有任何念頭，就表示心可能已進入無記或昏昧的狀態，換句話說，此時的心沒有運作的功能。所謂的「沒有功能」，並非沒有意識，而是指心的功能進入到一種昏昧，幾近停止的狀態。

表面上看來，心的昏昧、無記，似乎沒什麼問題，僅是一種狀態而已，但這樣的狀態並非解脫，也未必是輕安。當心不再往下沉，種種的妄念與煩惱仍會重新浮現。另一方面，即使我們現在得到人身，招感到的是人的業，不表示在我們的意識裡就沒有其他六道眾生的業。事實上，由於我們尚未解脫，所以他道眾生的業，不可能完全消失，而是潛藏在意識的某個角落，只是沒有顯現出來。

觀察自己的起心動念

可以觀察自己，在日常生活的各種應對中，是否偶爾會現出一些惡行呢？假如平時沒有特別留意自己的身心，會認為自己已經學佛了，也順著佛法行事，應該是個好人、善人。基本上確實沒錯，但修行到了某個程度，卻可能浮現內心潛藏的惡念。平時的心比較粗，較不易覺察，透過禪修方法的實際操作，就可以覺察到種種不善的念頭，得知心念仍是好壞摻雜。

其實不論有沒有在打坐，都能覺察到自己的心念，只是打坐時，由於隔絕許多外緣，心比較往內看，所以更易覺察。內心生起的種種作用，自己喜歡的，就會染著、追逐；自己不喜歡的，就會抗拒、排斥。可以觀察自己打坐時，假如發現不好的妄念生起了，你是否會產生想驅除的念頭呢？當這個驅除的念頭產生了，便是與瞋心相應，而想要驅除妄念的這個念，本身就是一個更粗的念。不好的念頭生起，即是一個業報起現行，這個新造的業加上先前的業報，如此一再地不斷累積，輪迴的滾動力量就會變得很強大。

大家在應對許多事時，是否都這般地起心動念呢？正因為如此，人才會隨著生命的成長，心理作用也愈趨複雜。而我們現在學佛了，了知「諸惡莫作，眾善奉行」的道理，就該盡量往善的方向造作，這樣所造的業就會是善業。

我們的六根在接觸眾多的外境、外緣時，過程中不只一個根在攀緣運作，卻因注意力被分散而難以覺察自己起貪念或瞋心，但只要一坐下來用功，隔絕中介的外境、外緣，心只能往內攝，就會讓我們對自己的身心有更清楚的了解。例如參加講座聽別人介紹我，這時我所聽到的，是別人眼中的我，而當我們打坐時，所面對的是一個比較內在的「我」，這個「我」存在於因緣生、因緣滅的過程中，我們不能無掉這個「我」。

面對真實的自我

「無我」不是要「無掉我」，有些人一修行就要無掉我，結果反而導致更多的煩惱產生，正確的方式應該是先面對自我。

透過打坐面對自我的同時，你會發現這個「我」一直不斷地在變化，其中還有些長期累積的堅固習氣，甚至有人會經驗到一些過去不曾想像的惡念，這些惡念若現行，將會造下非常重的業。我們平時可能從來不曾覺察這些惡念，或是知道了會很快地把它蓋住，否則這些生起的惡念若現行為果報，表現為一些外在的行為，那會是非常嚴重的惡行。還好我們現在學了佛，也學習了戒律，同時具備了應有的倫理觀念，這就能保護我們的行為，不會造作一些不該做的事。

當雜亂的念，現行為一種報的時候，心假使不能保持安定、清明的狀態，很可能就會被這些念牽著走。我們因為學了佛，所以心相較於一般人，會比較安定、清明；但仍可能把持不住，以致造作不好的行為或起煩惱，如此往復不斷而製造更多問題。這就是輪迴，是我們最大的問題，與一切苦惱的根源。

輪迴的過程中，會產生深層的不安，因為不知道接下來還會發生什麼事。當人面對妄念時，心若做不了主，只能任由強大的妄念生起，這些妄念就會推動我們造作行為，即使知道有些事不該做，但業習的力量會逼使人非把事做出來不可。也可以說，正是因為心的力量不夠、心做不了主，所以這些行為才有機會起現行。

舉個簡單的例子，如果有人罵你，雖然知道不該回罵，但因為控制不住自己，結果還是回罵了，弄得雙方都大動肝火。這是因為心沒有力量，做不了主，只能順著自己的習氣，彼此惡言相向。這心不由己是很常見的日常情況，而打坐時的狀態也是如此，差別在於前者有許多的外緣，後者則是隔絕外緣，減少了中介作用，所以此時的心不由己會表現在心比較內層的作用。而在平日生活裡，只要對此有所覺察，在念頭生起的當下，就能妥善處理，減少許多現行的果報。

佛教有一句話：「是非以不辯為解脫。」一個人能做到「不辯」，不去和是非相應，他本身就先解脫了，至於對方能否解脫，那就視乎對方的境界了。可是我們多數人都按捺不住，很容易就捲入是非裡，而現在我們能覺察這些是非，為了不捲入其中而「不辯」，這樣我們自身就先解脫了。要能做到這一點，心必須非常安定，用智慧看清事情的真面目，不受干擾，若定慧能同時運作，就能少造很多業，而不會有令人苦惱的業報。

因此，修行很重要。如能直接在心的內層下工夫，讓心本然性的定慧作用顯發，這對我們在日常生活中與他人相處互動，將會發揮很強大的正面力量。所以佛法有不少實修方法，是直接進入內心運作，念佛就是其中一個非常殊勝的法門。

往生淨土是為了修行

持名念佛法門，出自淨土經典的介紹，宗旨是鼓勵人往生西方極樂世界。淨土觀念在大乘佛教中非常重要，所謂的「出畢竟空，嚴土熟生」，「嚴土」意指「莊嚴國土」，也就是要建設一個淨土。

若從廣義的角度看淨土，其實不一定要到西方極樂世界，十方都有淨土。只是淨土經典所介紹的，是一個比較理想、令人生起嚮往之心並發願往生的淨土，但回歸現實，這樣的淨土似乎並不存在，所以佛教的歷代祖師，和許多行菩薩道的行者，會在現實中建設一個清淨的空間，這個空間雖不若經典描繪的西方淨土如此理想，卻能讓我們用功修行，這個空間就是道場，道場就是現實中的淨土。

諸位來參加此次禪修，一旦開始用功了，外面發生了什麼事都不知道，即使外面發生了天大的事，但你們在此都沒事，所以這裡就是淨土，讓你們可以不被外緣干擾地持續用功修行。此外，這裡幾乎沒有引發情緒或負面感受的事，所以這裡是不是淨土呢？是。那你們來淨土做什麼呢？用功修行。

諸位若是發願往生西方淨土，也是要去用功修行，可是很多求生西方淨土的人卻非要去用功修行。他們因為看到經典的佛國介紹，而對淨土心生羨慕，彷彿去了之後，就可以不用吃飯、不用睡覺，因為淨土經典都沒有說到這些俗事，只說到七寶行樹、八功德水、黃金打造的樓閣等，一切物質條件都非常優渥，所以淨土乍看起來，就像天堂一樣的美好。

但實際上，淨土不是天堂，尤其佛教乃至其他宗教的天堂觀念，與淨土思想本身，兩者更是截然不同。以佛教的天堂觀來說，天堂是大福報的人能前去享福的地方，只是天堂的人不太會修行，所以享福的同時也是在折福，當福報用盡了，就得離開天堂。

佛陀曾分別為天道、人道與阿修羅道的眾生說「苦、集、滅、道」四聖諦。阿修羅道的眾生認為一定還有第五聖諦，只是佛陀對他們隱瞞，而只對天道與人道的眾生說，也因為這樣的懷疑心，所以他們不肯修行。天道眾生則是聽了四聖諦後沒什麼感覺，因為他們沒有苦，所以不論佛陀怎麼解釋，他們聽完就忘，更別說修行了。只有人會在聽了「苦、集、滅、道」後覺得：「對啊，生命真苦喔！」所以開始懂得要用功修行。

所謂「富貴學佛難」，由天道眾生對佛說四聖諦的無感可知，確實如此。其實不只佛教如此認為，耶穌也曾說道：「富人進天國，比駱駝穿針孔還難。」因為他們太富有、福報太大了，當他們享受各種福報之時，哪能感覺到苦呢？更遑論要為來世修福了。

諸位要釐清淨土與天堂的不同，上天堂是去享福；去淨土則是為了去修行深造的。很多人念《阿彌陀經》並沒有留意這一點，而只關注淨土的物質建設有多好，卻不深究在阿彌陀佛的極樂世界裡，不論是彌陀化身的鳥，或是七寶行樹、溫泉池流等，都是念佛、念法、念僧，乃至念四聖諦、十二因緣、三十七道品……，這些聲音的每一聲，都在敦促著淨土眾生要好好修行。可以說，淨土的整個環境，讓人想不修行都不行。因為不論任何一個角落，聽到的都是修行的道理，都是在告訴淨土眾生「修行、用功、修行、用功……」，縱使躲起來想偷懶一下，念佛、念法、念僧的聲音還是會傳進耳朵裡，所以身在淨土，怎麼可能不修行呢！

進入禪堂就是進入淨土

由此可知，淨土就是一個深造、修行的地方。佛教祖師建設道場，其實就是根據大乘佛教的淨土觀念所施設。一個好的修道空間，只要一進入大殿，就會感到整個身心靜了下來，不論是尋找一個角落靜靜地打坐、拜佛，或只靜靜地看著佛像，整個人便感到法喜充滿。這樣的時刻，這個人是不是在淨土裡呢？這就是淨土。

也因此，中國禪宗更重視叢林裡一定要設置禪堂，因為禪堂對修行者而言，就是淨土，人只要進了禪堂，就要屏除雜想、妄念，一心用功修行。

所以諸位都很有福報，才能夠在現實世界裡，實現往生淨土的願。要知道，來此參加禪修一定得發願，不發願是進不來的，發願後還得報名，報了名還要有福報才能錄取，也就是你們必須至少具備一些條件，才能進禪堂用功修行。所以《阿彌陀經》告訴我們的往生淨土，是一個非常好的觀念，只是很多人只嚮往經典中所描繪的理想淨土，而忘了在現實生活中，也要尋找我們的淨土。

再者，深層用功用得很好的人，他們的心就是淨土。禪宗有所謂的「唯心淨土」，《維摩經》的思想也是「心淨國土淨」，淨土的建設，實則是眾生清淨心的建設，這個建設是循著佛菩薩的清淨心引導所成就的。所以各位不要只想著要往生、要去極樂世界享福，事實上，往生淨土也是去修行的。至於要往生到一個如此理想、完美的淨土修行，必須具備一些條件，這些條件不是憑空而來，一定是在現實生活中修來的。所以回到現實淨土，大家在道場中用功，好好地念佛念到一心不亂，發願往生西方才有機會成就。

《阿彌陀經》雖屬於淨土經典，介紹的方法是幫助眾生往生西方極樂淨土，但我們還是可以將此應用到現實的淨土。因此，諸位進到禪堂，可以練習念佛的方法，這個方法非常簡單。然而，很多簡單的方法總是用不好，因為我們的心太複雜了，這不是方法的問題，是心本身的問題，所以就要調我們的心。

透過打坐，我們發現內在的自我，有很多的身心問題。這個覺察很重要，讓我們看清自己有那麼多的妄念，心既不安定，也不清明，以致讓迷惑的我們不斷陷入造業、招感果報與迷惑的輪迴。我們希望能終止這個輪迴，但業報是不能改變的，因為它是我們造作後形成的業力，這個力量必然招感果報。所以關鍵在於，我們應該用什麼樣的心理面對這些業報。

對大多數人而言，業報現行之時，身心的狀態往往是不安定的，所以心容易跟著妄念走，而無法覺察到問題所在，更遑論直接用智慧破除迷惑、終止輪迴。所以重點在於先把身心安定下來，也就是以靜制動，用安定的心來對治雜亂的心理作用，透過方法把心慢慢地由雜亂調至安定。首先要對治的，是心的迷惑與煩惱。若我們於業報現前時，身心都處於一個清明的狀態，就不會隨業迷惑，到最後，可以直接在意識中提起正念，比如持名念佛，念佛工夫得力者，力量甚至可以大到將輪迴的根源徹底根除。

由此可知，持名念佛確實是一個非常殊勝的方法，只是現代人一聽到念佛，就想到遙遠的西方淨土。有許多知識分子，以及從知識入手的學佛人，都認為淨土法門是識字不多的老人家，或是無法讀佛書、參禪的人所學習的，把一個如此殊勝的法門視為程度低下，以致不願學習。也有很多人將淨土觀念與天堂觀念混為一談，尤其是西方人，大多認為去淨土與上天堂差不多，既然如此，何必念佛念得那麼辛苦，只要信神，每個禮拜再上教堂懺悔一下，這樣就能上天堂了，豈不更簡單？由於這些的種種誤解，造成淨土法門難以推廣。

當下即是淨土

淨土觀念非常重要且殊勝，可以說整個大乘佛教的發展，都和淨土息息相關。要對淨土建立正確的知見，如此方能領略其殊勝，同時建立起對淨土的信心，一旦信心建立起來了，若發願往生，這個願就會發得很懇切。

另一方面，我們要從理想淨土回到現實的淨土，所以在任何一個道場用功，那當下就是在淨土，一如諸位齊聚於此，學習如此簡單、實用且具體的方法，福報真的很大！了解這一點，在運作方法時就會很有信心，相信現在所用的方法，真的可以直接把意識中的正念提起來，並且在眾多的妄念中，持續保持正念。

你可以設想一下，如果念佛工夫用得好，讓這個正念成為心整體流動過程中的主流，如此還會有種種的妄念和干擾嗎？不會了。

因此，面對任何的問題，假如別人罵你，這時候很簡單，只要說一聲：「阿彌陀佛。」你不用生氣，應該也氣不起來，因為你只一心說著：「阿彌陀佛。」當工夫用到面對任何問題發生時，是佛號、是菩薩的名號先出來，而非我們的貪、瞋、癡先出來，那就對了！

持名念佛的方法雖簡單，卻很殊勝，若工夫得力，真的很有力量。假如各位能念佛念到一心不亂，念到自信出來了，告訴各位，你將無事不辦！不論要成就任何一種觀想，或任何一種智慧的運作，都沒有問題。

既然念佛法門如此殊勝，方法又很具體，我們就藉著這回禪修，好好地練習。原本即是念佛的同學，就繼續用方法；至於剛開始練習念佛的同學，雖然這個方法很簡單，但可能你們會發現，簡單不代表容易用得上，而要視乎我們本身的身心狀態。即便如此，但因為方法本身仍是非常簡單、實用，縱使一開始不太用得上去，只要進了禪堂開始打坐，念佛方法就能隨時提起來。

佛號隨心帶

靜態用功一直以來都是坐禪的核心，或許有人質疑：「修禪一定要打坐嗎？」當然未必，但靜態用功一定是最核心、最有力量的。所以止靜時念佛，就能更直接面對內在的種種妄念，再從這些妄念中把正念提起來，並且一直持續保持，讓正念成為心的主流功能，即便回到現實生活了，工夫也繼續保持。

心念比較複雜的同學，止靜用功時會發現妄念很多，以致正念（佛號）一提起，妄念就蓋上來，這沒有關係，因為念佛法門還有一個殊勝之處，即佛號可以隨心帶，你到哪裡，就把佛號帶到哪裡，隨時隨處，只要心想到了佛號，就能將佛號提起來練習方法。

念佛法門的方法一開始，要先奠定基礎的工夫，所以此階段比較偏止，也就是念佛先念到一心不亂。只要能念到一心不亂，不論從持名念佛轉到實相念佛，或轉入觀想的方法，例如提起話頭：「念佛是誰？」藉此引發疑情，都能無事不辦。

愈是簡單的方法，愈是要知道怎麼用。用方法時，我們的心要有一種作意，也就是要用一點點的力，這在方法的初始階段是需要的。假如此時的心完全靜不下來，可以先把身心放鬆，不要想太多。即使當下妄念很多，我們就是把一個佛號提起來。提起佛號時，請注意一定要很清楚所提起的那個佛號，不論是念阿彌陀佛、觀世音菩薩，或是其他佛號，心只要一提起這個佛念，當下的心要非常專注在這個佛念上，清清楚楚自己正在念佛。

若有人平時就在念佛，打坐時會自動冒出一個佛號來，請留意那是妄念，是你念佛的慣性使然。這就好比平時愛唱歌的人，在不經意的時候就會浮現歌詞或旋律。同理，打坐時跑出了佛號，那不是在用功，只是出於慣性。所以念佛時，一定要有作意，也就是清楚知道自己在念佛，並且非常專注，這才是在用功念佛。

大家運用方法可有很多選擇，比如數息、話頭、默照或念佛，這是優點，但也可能是缺點，因為或許你並不知道究竟該選擇哪一個方法才好。禪修過程中，我們會介紹並複習各種方法，讓大家都能夠學會方法，透過此一階段，我們希望每個人對於方法的把握、用得好不好、適不適合自己，會愈來愈篤定。總之，哪個方法最適合你，完全取決於你自己，每個人都必須透過實際練習，自己做出選擇與決定。

回到當下心

先前介紹的呼吸法，運作上可分為數息、隨息、止息，念佛同樣地也可運用數、隨、止的方式。不論是呼吸法或念佛法，都可能遇到專注與覺照作用時斷時續的問題，儘管念佛時，把佛號提起來了，心也專注在佛號上，並且很清楚當下自己正在念佛，但這樣的專注與清楚，卻可能只能維持一段時間，這表示此時的心還是比較粗散，甚至是散亂的，也就是妄念太多了。

雖然多數人都有散心的時候，但散心時的念仍是連貫的，並且具有專注的作用，但假如心連專注的作用都無法提起、發揮，那幾乎是不可能禪修的。

由此可知，禪修必須要具足一些條件才做得到。舉例來說，小朋友的身體很柔軟，輕輕鬆鬆就能雙盤，他也會很開心地盤給你看，可是你叫他盤坐一、兩分鐘，那就有問題了，因為年紀小的孩子坐不住，除非他是乘願再來的過來人，否則一般的孩子，心思大多是很散的。

能夠坐下來，這點之於禪修雖然很基本，卻是必備的條件。有些同學真的是坐不下來，你要他坐著不動簡直是要他的命，除非在他面前擺一個感興趣的東西，並且能讓他玩，這才可能好好坐著用功。諸位覺得這樣很誇張嗎？或許不久的未來，我們真的得舉辦個「手機禪」，好讓禪眾滑手機的同時，也能禪修。當然這種情形尚未發生，可是將來卻很難說。或許等哪一天，若不讓禪眾帶手機進禪堂，就沒人要報名禪修時，那我們就非辦不可了，屆時禪堂的設計也將不同於現在，可能每個人的座位前都得擺張桌子，以方便禪眾使用手機、電腦等３Ｃ產品，這樣他們才能夠在禪堂內安心用功。

禪修最基礎也最重要的條件，就是心能安定下來。唯有具備此條件，才有可能進禪堂用功；反之，心若是散亂的，就無法專注放在一個所緣的境上，而達到安定，這樣的人不論用的方法是呼吸或念佛，心都容易被妄念帶走，會非常難以禪修。

除了個人內在的條件，打坐時，還有種種外緣條件會造成影響。以耳根為例，雖然禪堂就像淨土一般美好，但是外在的聲音仍是有的。當你聽到旁邊的人咳嗽、打嗝，會不會被干擾呢？有時禪堂聽到放腿的聲音，接下來可能就會是一連串連鎖反應，一個接一個把腿都放下，那就是受到影響了。因為當別人有放腿的動作時，有些人心裡就會想：「我的腿也不舒服，該放腿了。」有些人則會覺得這是一種干擾：「我坐得那麼精進，你們卻弄出那麼多聲音，以你們的程度，實在不該來禪修。」然後接著想：「嗯，我要跟監香團反應，要他們以後別接受這些人來禪修……。」心思一直在繞圈子，方法還在嗎？當然不在了！

念佛將心帶回正念

心就是這樣，隨時一動、一鑽，就不知跑哪裡去了，所以必須要有具體的方法，讓我們覺察自己的心還在不在。重要的是，不論什麼因緣讓心跑掉了，都不用追究，因為一追究，就會衍生更多問題。如果你對禪堂內其他人發出的聲音不滿，想去投訴他們，一發現自己有這個念頭後，覺得自己太不慈悲：「我怎那麼自私呢？真不像修行的人！我得好好懺悔。」然後念頭一轉：「我要迴向功德給他們、祝福他們不要有那麼多問題，能用功得愈來愈好……。」雖然從一開始的不滿轉回比較好的念頭了，但也發現，過程中，只要開始追究起一個念頭，後續的念頭就會轉來轉去，沒完沒了，這麼一來，妄念什麼時候才能停下來呢？所以只要一覺察自己動念了，就要馬上把念頭切掉，也就是不要再想、不再追究，也不再生起任何其他的妄念。

如何做到這點呢？回到方法上。所以方法必須具體，用呼吸法的同學，把心收到呼吸上；念佛的同學，就把佛號提起來。佛號提起之時，或許妄念還在旁邊，沒有關係，心繼續專注在提起佛號上，只要我們沒有推動妄念，它就沒有延續下去的力量，漸漸地，妄念會沉寂下來，那就表示念佛已將我們的心帶回正念上，接著就繼續用方法。

隨著念佛方法持續精進，中斷的時間會減少，持續的時間會增長，這時會發現我們的工夫愈用愈好了。也許過程中，還是會生起「旁邊的同學動了」的念頭，我們知道了，就把念佛功德迴向給他，然後馬上回來念佛，讓方法持續保持。到最後，隨著工夫得力，心更安定了，此時的心只有念佛這一念，儘管還是有其他的雜念，可是它們只是在一旁流動，心不會受其干擾而中斷了念佛。

但如果中斷方法的時間比較長，還不容易醒覺，可以先回來用數、隨、止的方法。這個方法主要根據天台智顗大師的《六妙法門》為其修行次第，數、隨、止、觀、還、淨的六妙門，在《釋禪波羅蜜》中也有提及，而今我們比較常用且注重的，是前三個妙門，也就是數、隨、止，這部分屬於偏止的工夫，也可說是最基本的工夫。把數、隨、止的工夫用上了，即可制心一處，爾後要依著觀、還、淨的次第修，或將觀、還、淨視為三個不同的觀法個別修，都可以。

中國禪宗的修行法門，其實也有類似觀、還、淨的方法運作，待方法用到了制心一處後，即可轉入這些觀法。這裡所說的制心一處並非沒有觀，所謂「觀照」，就是很清楚地知道當下的情況，這就是覺照的作用，也是一部分慧的功能，在修行的次第與方法上，也是觀的一部分作用。由此可知，止和觀的運作，其實是不能夠分開的，雖然修行進入觀的階段，主要是要加強觀（慧）的方法運作，但此時的工夫仍是建立在止（定）的基礎上，兩者沒有分開，只是在用功時，會順著修行次第，以及每個人在用功過程中需要對治的問題，而有其偏重的作法。一般來說，會比較偏止，因為多數人都處在比較粗散、雜亂的狀態，若不將身心適當地調和，後續想要深入智慧的觀法，會非常不容易，畢竟想以散亂的心，做與慧有關的各種思惟與觀想，一定很容易就掉入散心、妄心的狀態。

散心觀想，並非完全沒有作用，還是能幫助我們對法義有進一步的了解，卻無法深入至斷除煩惱的程度。從自身的經驗也可得知，當我們學習佛法，閱讀經典、論典以及歷代祖師與現代大師們的著作，假如當下的身心狀態不安定，閱讀的吸收與消化能力就會比較差；反之，如果閱讀時，身心處在一種比較安定的狀態，例如坐在閱經的座位上，面對著經典，此時會比較容易感到身體靜下來了，以這樣的身心來閱讀，即使心未必全然專注，但在閱讀的過程中，還是很容易覺知道自己正在讀經。

雖然許多地方都在提倡閱讀，但事實上，華人地區的閱讀風氣卻是每況愈下，反倒是滑手機的時間愈來愈長了；相對來說，日本人的閱讀風氣至今依然盛行，包括我自己搭乘飛機時，若鄰旁坐的是日本人，他們通常都是在看書，而華人則是在玩手機。至於日本人讀的是什麼書呢？我不懂日文，不知書中內容，但不論他們讀的是什麼書，就對身心的影響來說，這樣的興趣應該都比滑手機要來得有益。

身心處在不同狀態，發揮消化與吸收讀物內容的能力也有不同。所以有些大師在閉關期間讀經，會先披好衣、放好讀經架，再開始閱讀，讀了一陣子後，稍微靜坐一下再接著繼續讀。因為佛教的經律論典，義理很深且非常豐富，所以閱讀時，必須讓身心與之相應；假設身心很散亂，這些佛書是讀不進去的。

運用數、隨、止來念佛

再回來談方法的運作。身心在調和的過程中，會逐漸趨向安定或相對安定的狀態，如此用方法時，方可發揮更好的效果。順著數、隨、止的次第運作，我們能看到方法發揮的效果，因為這個次第與方法都非常具體。以觀呼吸為例，因為呼吸本身很具體，所以我們觀它、數它，把數目字輕輕地放上去，整個過程也很具體，而能很快地知道自己的身心是否在方法上。如果不在方法上，數字會丟失或散亂，所以只要數字不見了，就知道自己已經不在方法上。比起觀呼吸，單純的觀可能還有點迷迷糊糊，但數目字不見了，我們一定會很清楚，這就是數的善巧。

數、隨、止可以運作在呼吸上，也可運作在念佛上。在座若有數數念佛的同學，會發現你們所念的佛號會更容易凝聚。因為單純的念佛，過程中被妄念帶走了，或許還不容易察覺，但若是數目字丟失了，就會很快警覺。至於如何數數念佛呢？可以念「阿彌陀佛」後，輕輕放上數字一，接著再念「阿彌陀佛」，後面放上數字二，以此類推，一直念到「阿彌陀佛十」，再回頭念「阿彌陀佛一」、「阿彌陀佛二」……，從一到十持續重複地念佛。念佛過程中，若念著念著數字斷掉了，表示心已經散掉，一旦警覺，就要趕緊回來念佛，回來時不要想著剛數到哪裡了，把這個執念放下，回頭從一開始數起。

如果想著要將丟失的數字續上，就會出現這樣一種情況：念阿彌陀佛一、阿彌陀佛二……，接著好像是阿彌陀佛三，那就念阿彌陀佛三、阿彌陀佛四……，現在念到哪了？大概是阿彌陀佛七或八吧？應該九喔！……數字掉了後，又想著要把搞不清念到哪兒的數字續上，弄得心都亂了。一旦心亂了，阿彌陀佛你到底念了幾次才想到要給它放上一個數字呢？恐怕你自己都不知道。這就是念佛已念成了慣性的重複，即使你不念，佛號也會跑出來，而佛號跑出來時，你以為自己在念佛，其實不然，那只是你的一個慣性的念頭，是用妄心與散心在念佛罷了。

隨時放下，隨時提起

因此，正確的方法是，念佛念到數字有些散掉了，或是阿彌陀佛念得有些模糊不清了，這時馬上放下，回來再提起阿彌陀佛一、阿彌陀佛二……，重新提起時，我們很清楚，現在的用功和先前的用功沒有關係，我們是因為先前的工夫沒用好，所以現在將它放下，重新調整，而調整過後的佛號，我們將之提起好好地念，所以這一次的念，是全心全意地數字念佛，如果發現數字或佛號有點散了，就馬上放下，重新再從阿彌陀佛一開始數起。

如此的運作方式，我們在每次提起佛號與放上數字之時，會清楚知道就是當下這一次，我們所念的就是這個「當下」；而這也是一種當機立斷的作法，一發現有狀況了，例如佛號鬆掉了、數字丟失了，就立刻放下，重新來過。重提的時候，我們清清楚楚就是當下這一次，整個身心都放在當下的這一聲佛號上。

如此用方法，心必須加上作意的作用，也就是得用上一些力，但注意力度不用太強，否則因為擔心佛號跑掉了，而用力地緊緊抓緊它，這樣念了幾聲佛號後，人就會感到疲累。就好比為了更專注地數呼吸，不小心太用力了，導致數呼吸變成控制呼吸，這樣數了一陣子後，人就會感到頭昏不適。所以用方法時，雖然有作意的作用，但身心還是要很放鬆地練習方法，而且每一次的練習，就是當下這一次。如果過程中心散了，或是感到有些模糊了，那表示覺照心已變得不敏銳，此時心就很容易掉回到妄念的慣性裡，只要一警覺自己進入這樣的狀態時，知道了就立刻放下，重新調過。

可能有同學會覺得練習方法時，因為必須非常專注，而會感到有一些壓迫感。這沒有關係，其實用功之初多少都會有這個問題，只要記得不斷提醒自己，要時時處在放鬆的狀態，漸漸地待方法用順了，你就不會再用力，甚至工夫到一定程度後，不需刻意或任何的作意，佛號就能很清楚地提起來，乃至於不需要加進任何東西，方法就能一直保持著，這表示方法已進入到一種很順暢的狀態，你已經用上方法了。

用功之初，多數人會感到有很多阻塞，或才念一會兒佛號就模糊不清了，所以這時就必須稍微用點力去抓住它。初學階段會有種種複雜的現象是正常的，因為身心尚未放鬆、調和，要能接受它，然後繼續用功，直到這些現象慢慢地過去。等到佛號和數字都念得很清楚，而你發現佛號念得比數字還要細，細到可以將每一聲佛號很好地連貫起來，這時就可將數字拿掉。也有人是念到了一定程度，數字就自然而然地掉了，此時心仍是清清楚楚地與佛號持續運作，這就是進入「隨」的程度。用功至此，再持續地念佛，就能達到一心不亂。

把自己當作一個禪修新人

每位禪眾練習方法，都會經歷各式各樣的過程，主要視乎每個人當下身心的狀態。所以用方法時，既是調心，也是調身，身心調和好了，方法就能發揮其功能，身心便又能調得更細，爾後方法就能進入到更深細的狀態。如此便形成了一個持續不斷、工夫層層深入的良性循環。

關鍵點是，我們每念一個佛號，就是當下這個佛號。這一聲佛號，與前面已念與後面未念的佛號，雖有延續性，但它們並非重複。前面所念的那一聲佛號，放上數字後，就把它放下，然後再提起現在當下的這一聲佛號，每一聲佛號，都以此方式運作，即可讓身心持續保持與佛號相應。

用功時，我們的心是在每一個當下用功。不論用功的時間長短，我們念每一聲佛號的當下，就要把身心全然地放在這聲佛號上。同理，諸位來打七，請不要把先前打七的習慣帶進來，不要以為這個七是重複上一個七。因為有些同學很容易有此態度，特別是常來打七的老參。

所謂的「老」，可以是正面的意涵，好比說「老資格」，是指經驗很豐富；但也可以是負面的意涵，例如口語上的「老」常常跟「衰」連結在一起，「衰」了就沒有活力，也更接近生病與死亡。

在座的老參同學們是屬於前者還是後者呢？很多老參正是由於經驗豐富，以致也慢慢衰老，因為他們的修行已掉入一種狀態，以為自己打了那麼多的七，還有什麼不懂的?有的老參你問他怎麼用方法，他就抬出以前打七的經驗，問題是過往打七的經驗，跟這一次打的七有什麼關係?方法不會用就是不會用，就算打了一百個七還是不會用!再者，很多老參因為太熟悉禪堂的規矩，一旦見到哪兒有縫，就要見縫插針、投機取巧，並利用自己的老經驗，規避一些可能會受罰、警告的情況，表面上看來，他很嫻熟且適應禪堂運作，但最重要的工夫卻沒有用好。這就是一種「老化」的現象，表示練習方法時，沒有把每一次的呼吸、每一聲佛號、每一回的數數，都視為唯一的、當下的一次。之前的已經過去，下一個尚未到來，我們都不知道下一個會是什麼樣子，只有當下這一次，我們能把握的這一次，我們就要把它做好。

所以，每一回來打七，都該把自己當作一個禪修新人。其實禪堂內很多經驗豐富、態度良好的老參，把每個七都當作唯一一次來打，他們對於氣氛的凝聚很有幫助;反之，有些老參則是一進到禪堂，就要表現出自己的習氣和個性來，一直不斷重複過往的過程，這樣的用功，本身即已老化，甚至會影響禪堂的運作也跟著一起老化，老化久了就會僵化，乃至趨近死亡，所以要不斷提醒自己。

每一天都是新的一天

大家來打七，應該都知道身心要做好準備，同時也知道這一次的七，僅此一次，既不會再有第二次，更不會重複先前經驗。把握這個正確態度，我們在用方法時，就會真正地全心全意用功，面對七天的禪期，也會曉得每一天都是獨一無二的。

所以，今天用功時，不要想著自己昨天坐得很好，而想把昨天的經驗拿到今天再重複一下。是不是有同學有此心態呢？你昨天坐得很好，可惜就寢時間到了，非睡覺不可，可能睡覺時還興奮想著：「我今天坐得真好！」以致於整個晚上，你都在期待著打板聲響起，可以再進到禪堂好好地坐一下，把昨天非常良好的過程再好好地練習一遍。結果卻是事與願違，今天竟然完全坐不下去，因為你的心不是在今天，而是停留在昨天。當你的心在過去、現在、未來這三個念頭間，不斷地交雜，實際上你已失去了當下心。

所以，不管昨天坐得多好，那都過去了。時間到了，因緣滅了，就把它放下，該睡覺就好好地躺下休息，這樣你可能會睡得比較好一點。隔天一早醒來後，可以對著鏡子裡的自己笑一笑，開始新的一天，至於昨天的事，就全都放下。進入禪堂後，也不要想念昨天坐得好的那幾支香，只要一想念，你的心就停留在昨天，人在今天，但心在昨天，人和心就分裂了，我們修行就是要統一，你為何把自己分裂了？所以趕緊把心拉回到今天，把昨天放下，讓它過去。

當然，更不要想像明天要如何更好地用功，明天一定更好嗎？明天有可能更壞也說不定。「明天會更好」是一種鼓勵，能為人注入力量，但實際上，如果一件事變得愈來愈糟了，明天會更好嗎？恐怕明天只會更壞，後天更糟……，但這些我們也不要去想，不論想是更好或更壞，都是把心放在未來，而非當下。

請記住，用功就是要不斷地回到當下。因為心總是跑來跑去，所以我們更需要不斷地提醒自己——回到當下。用方法時，特別是加上了數字，其警覺作用會特別明顯，只要心跑掉了，不論是跑去過去或未來，只要數字丟掉了，便是在提醒你，趕快回到當下，回到正在用功的方法上。如此不斷提醒自己、不斷地讓當下的身心投入到方法中，如此即可讓身心逐漸達到凝聚、統一，乃至達到內外統一。當統一心顯現之時，我們就能安住在每一個當下，即使當下不斷地流動著，都能處在「無住生心」的狀態。如果我們的身心已能隨順因緣，時時在當下，面對每一個當下的因緣，並且依當下身心所能做出最正確的判斷與抉擇，去回應當下的因緣，這就是《金剛經》的智慧。

各位現階段雖無法達到理論上清楚掌握、事相上可嫻熟應用的程度，但通過每一次用方法，就是在練習讓心安住在當下的因緣。所以請提醒自己，每一次練習都要用這樣的態度。練習念佛方法時，每一支香我們都好好地坐、好好地用方法，一支香坐完了，該出禪堂喝水洗手，就去喝水洗手，把剛完成的這支香放下，把該處理的事處理好，再回到禪堂後，開始另一支香，就回到這支香的當下練習方法。一天下來，有上午、下午、晚上的時段，每一次用功，我們就是在這個時段裡用功；再把時間拉長，每一天都是新的一天。所以禪師們說「日日是好日」，每一天在其流動的過程中，都是用當下的態度面對它，如此一來，每一天就會是很好的一天。

諸位若能以這樣的態度練習方法，就能很容易地與方法相應，因為只把握當下的因緣，過去、未來的種種妄念所造成的干擾就會減輕，也就能把方法用好。至於解七後，回到各自的生活，若能夠把這樣的態度也帶進生活裡，慢慢會發現你的身心更容易安定了。爾後若有因緣再來打七，以密集課程的形式練習方法，此時仍要保持「把握當下」的態度來用功，在方法運作的同時，讓身心持續地調和，如此一來，身心就會更容易達到安定與清明。

若能讓身心在每一個時段都處在當下的工夫裡，你會發現活得愈來愈自在；不過，這是從理論上而言，現實中未必能做到。所以要練習方法，幫助我們將身心安住於當下，隨著對方法愈來愈熟悉，熟能生巧，方法就會愈用愈純熟，也愈能夠自然地運用在生活的各個層面。

練習方法請記得，提起每一個方法時，就要將身心完全放在方法上。只要出現了模糊，或是掉入妄念的慣性時，一經醒覺，就要馬上把方法提起來，繼續安住在當下，一心用功。

卷五

實修實證生活禪

禪修的回家功課

大家來參加密集課程，因為知道自己是來用功修行的，所以特別用心；但是當課程結束返回現實生活後，恢復了日常作息，有些人便無法持續禪修期間的生活規律，好好調和自己的身心，於是產生一種偏差的觀念，認為自己無法再持續用功。因此，他們一離開禪堂，就被生活打回原形，回復到禪修之前的狀態。這種情況其實很普遍。

安排居家的禪修定課

有些人的情況好一點，覺得需要在日常生活持續用功，每天盡可能安排禪修定課時間，短則十至二十分鐘，長則一、兩個鐘頭，能做到如此，已是非常難得了！大多數人好不容易挪出一個假期來密集用功，當然希望在能在禪期盡快清理完自己所有的問題，可是禪修結束回歸現實，往往發現問題一樣無法解決，再加上生活忙碌，便以此為理由而疏於用功。

認為解七後就不需要再用功的人，當然是觀念有偏差，如果你問他們：「為什麼回家後就不再用功？」他們由於說不出個所以然，乾脆就說：「沒辦法呀！因為我很忙呀！」如果你也是這麼回答的人，請自我檢討一下，你到底在忙什麼？一天之中，真的忙到抽不出半小時或一小時的時間靜坐嗎？若捫心自問，恐怕很多人都是以忙碌為藉口，讓自己可以不要用功。

不妨試著把一天的行程條列下來，即使工作事項都記得密密麻麻，只要再仔細審查，會發現有些事做或不做都沒關係，可是時間就這麼消耗了。忙碌確實是一個讓自己可以不必用功的好藉口，我們總是能找到很充分的理由，讓自己平日不必用功，只要一年來打一次七即可。可是這樣的修行態度，哪一年才能開悟、了脫生死呢？禪宗給我們的答案是：驢年。誰能等到驢年就開悟呢？沒有。用這樣的態度用功，開悟無異是緣木求魚。

自己每天一定要設法善用時間來用功，定時、定量地在靜態中練習方法。有的人想盡辦法安排禪修時間，但因為生活繁忙，好不容易辦完了事要來打坐，卻發現一打坐就開始打瞌睡、打妄想。其實諸位來參加禪七也是如此，有同學打的是妄念七，有的是打昏沉七、瞌睡七，這麼幾天打下來會不會愈打愈沒信心了？其實這樣打坐還是很有用，雖然一直在打妄念，但漸漸地發現原來只要不理那些妄念，真的就會沒事了。

妄念之所以煩擾我們，是因為太在意它，對它「情有獨鍾」，一會兒追逐，一會兒又抗拒，妄念和我們太「貼心」了，自然就被干擾了。其實只要不理妄念就不會被擾亂，心也能安靜下來，而這是透過練習可以做到的。

這麼密集打坐七天後，回到日常生活，你在平日打坐時可能還是會打瞌睡，但打完瞌睡後，你的精神不但會恢復，晚上也容易熟睡。這是因為我們平日太緊繃了，生活緊繃，身體也緊繃，所以身心都很疲憊。人只要一緊繃，就會累積負能量，一旦放鬆，就能釋放負能量，並凝聚正能量。

能好好打坐當然是最理想的情況，即使白天邊打坐邊打瞌睡，但因為身心在此過程中，獲得一定程度的抒放，所以晚上睡覺會睡得更好，這就是調身。第二天醒來，因為前一晚睡得好，就會感到精神狀態好，人只要精神好、正能量充足，處理事情來感覺就不一樣，覺得心比較放得開，不會因為事情一件件地浮現而糾結。這就好比打坐時，雖有一堆妄念，但只要心不跟著妄念走，妄念就會過去。很多妄念都是白天發生的事，這些一天天累積下來的妄念，透過打「妄念坐」，很多都能獲得抒放。

很多事其實只要知道就好，不必理它。舉例來說，剛剛跟人吵架了，只要你不理它就過去了，晚上也可以睡得很好；否則，吵架後放不下，要等晚上做夢再罵人或惡整嗎？夢中的報復不但無益於抒放內心不平，反倒累積更深的怨氣，豈不是很不智呢？所以，懂得打「瞌睡坐」、「妄念坐」的人，就會知道要把這些妄念與負能量都抒放掉，這樣一來，晚上睡得好，第二天再遇到對方，也會覺得沒事了。

每日禪修養心

懂得每天都要抒放自己的人，來打七時會發現，自己沒有那麼多妄念，也不太疲累，即使頭一、兩天或許會稍微打瞌睡，很快就能調整好狀態。每天都要練習方法的重要性，即在於藉此讓身心獲得抒放，就算因為打瞌睡或打妄想而無法把調心工夫真正地用上，但身心的緊繃能獲得一定程度的舒緩，不會一層一層地累積壓力。這就是為什麼許多人在禪修中，發現自己有那麼多的妄念，身心如此地疲累、緊繃，這都是每天累積而來的，若能每天適度地抒放，會很有幫助。

請各位盡可能把打坐安排進日常的作息裡，當在打坐中，經驗到身心輕安的狀態，這表示已經用上了方法，此際的清明與安定，會讓你們感到禪修真的太好了！之前遭遇的許多問題，原本沒什麼方法可以應對它，但在身心很安定之時，同樣一堆妄念浮現了，卻發現現在我們竟然不會被它干擾；不僅不受干擾，還能很清楚地照見它，且將它放下，這是因為心沒有跟著它走，定慧得以統一運作。

若能利用這七天，好好地用方法，打完七時，你會感到整個身心如釋重負，這時你就會知道，禪修真的太重要了，而這樣重要的修心養性之法，我們一定要將它放進日常生活裡。

禪修的重要性，等同於吃飯、睡覺，其他的事不做無妨，但不吃飯、不睡覺，人就算不死，也會瘋掉。我最近聽過因不睡覺而死的事，是跟手機使用過度有關，還有一種情況是工作過勞而猝死。所以，要讓生命續存，人非得吃飯、睡覺不可，這兩件事是這麼地重要，而諸位是否感覺禪修就和吃飯、睡覺一樣重要呢？吃飯、睡覺是養我們的身，禪修則是養我們的心，若是不養心，每天為妄念所擾，日子就會過得很煩亂、苦惱，會不斷地輪迴造業。

人最苦就是苦在輪迴，所以禪修太重要了！只要我們有此醒覺，知道它的重要性不亞於吃飯、睡覺，禪修就會成為我們每日定時、定量的功課，不管生活再忙碌，每天一定要把禪修的時間安排起來，每天非調整身心不可。通過日常固定地禪修，我們會發現一天之中，有一部分時間都是糊里糊塗就用掉了，或是用在一些可做可不做的事上。各位檢視自己是否也是如此呢？寧可把時間用在一些做或不做都無妨的事上，但卻覺得自己忙到抽不出時間打坐。若你也是如此，表示你還沒有真正體會到打坐對身心的重要，當你發現它是這麼地重要時，面對許多次要的事，你就知道該如何取捨了。修行並非是抽離日常生活，我們要設法讓修行生活是成片、連貫的，換句話說，日常生活和禪修生活是分不開的。

維持正常的生活方式

各位每天在此禪修，能夠離開日常生活嗎？不能。在密集的禪修課程期間，可以暫時放下日常事務，但不表示沒有這件事了，除非是在深山閉關修行，可以過著完全隔絕五蘊的生活。我們既然仍要過著正常生活，就要將日常生活與禪修連貫起來，這才是一種正常的生活方式。

之所以提醒這一點，是因為有些人會以不正常的心理來禪修。認為自己一旦來了，就要跟它拚了，於是晚上不睡覺、白天不吃飯，只管一直坐著用功，這是用不正常的方式在過正常的生活。他們來禪修時，整個人就變了個樣，但解七回去後，禪修生活也結束了。他們只把禪修生活放在禪堂和課程裡，回歸日常生活後，就把平日煩躁、擾亂的狀態，視為日常生活的常態。因為他們把修行生活和日常生活一分為二，認為平時與人競爭、爭吵是正常的，但來禪修時就要全心投入修行，所以禪修是非正常狀態。他們過著這兩種生活，所以一會兒正常、一會兒不正常、一會兒又正常……，到後來，整個人簡直要精神分裂了。

有的人學佛後，會讓身邊的人覺得他不正常，是因為他把不正常的方式放到生活裡，一旦把禪修生活與日常生活切割為二，就會出現這種偏差現象。其實來參加禪修課程，在禪堂用功時，我們只是加強了禪修部分，但整個過程還是很正常地在過生活；至於禪期結束回到平日生活，當然是要正常過日子，最好是能讓禪修成為平常生活的一部分。至於能把多少工夫應用到生活，除了視乎每個人的工夫程度，也決定於禪修在我們的生活占有多少的重要性。

若能在日常生活中禪修，同時也在禪修中過日常生活，兩者就會逐漸連貫起來；但對大部分的人來說，要做到這一點實則有其難度，因為生活與禪修，多數人會覺得兩者在形式上有差異。舉例來說，在參加密集課程期間，形式上我們會將禪修在生活中的占比盡可能放大，所以一天下來，雖然也有日常的吃飯、睡覺，這些部分仍會正常地運作，但會盡量將其簡化，好把大部分的時間拿來用功；而回到現實生活後，各種複雜的人、事、物接踵而至，處理工作、家庭、人際關係等占據生活的絕大部分，這時若要在形式上把禪修的部分放大，盡可能安排多一些時間打坐，會變得非常困難。

對多數人而言，要在生活中讓工夫成片，實非易事；但諸位若能把握課程中教導的禪修原則及其應用方法，生活中大部分的事務就能成為我們的禪修功課，這樣用功下來，久而久之，就能將禪修生活與日常生活融然成片，乃至成為一體，而中國禪法就是在幫助我們實踐這一點。

在中國叢林裡，往往有一群在禪堂內用功的禪眾，還有一群領執事、討行單的出家眾。我們看這些出家眾，似乎都在忙著處理一般事務，但實際上他們也是在修行。他們若是在禪堂內工夫用得很好、有了體驗，爾後離開禪堂，來到叢林做事，他們就是用已經修好的工夫，來護持禪堂內用功的禪眾。換言之，他們在日常生活中仍然持續用功，此時的用功屬於生活層面的用功，亦即在動態中用功。所以叢林流傳的方法是「搬柴、運水都是禪」、「吃飯、睡覺也是禪」，可以說，日常生活中所做的一切，實則都沒有離開禪修。能以這樣的方法用功，就是很完整的修行，諸位若能做到，日常生活與禪修生活就會融然一體。所以，在禪堂時要用功修行，出了禪堂、回歸日常生活後，工夫也不能散掉，仍要持續使用。

很多人的疑問與困擾是，面對平日必須處理的大量事務，要如何將禪法帶入其中呢？實際上，當五根接觸五塵，只要外境的影響力大過心的力量，心就無法收攝，人就容易產生追逐或抗拒的心理。一般人的五根多是不安定的，也比較躁動，尤其是內層的心，往往處在不安定的狀態，也因此，人很容易受到外境與妄念的干擾，產生追逐或抗拒的心理與作為，而在這些事發生的當下，心因為缺乏安定與覺照的作用，導致人對此渾無所覺。

莫將禪修與生活一分為二

這麼一來，我們就知道問題出在哪裡了：是因為心本具「定慧一體」的本然性功能，無法在日常生活中使用。理論上來說，安定與覺照的作用若是可在生活中一體運作，日常生活便能處於時時在用功的禪修狀態，只是，這點理論上雖說得通，實際運作卻不容易，因為多數人都把禪修與日常生活一分為二，不明白兩者的共同性。

我們可以自我觀察，每天在此打坐時，所面對的妄念從哪來呢？妄念其實是日常生活中所發生的事，發生後，它們會含藏在人的意識裡，而在打坐時浮現。這些妄念平時不易覺察，所以人的五根就會持續攀緣外塵，讓心愈來愈浮躁，形成輪迴。趁著打坐自我檢視一番，會發現那些浮現的妄念，確實都是在日常生活中長期累積而來。

禪修正是要對治這些妄念，但對治並非對抗，而是要看清楚它的性質，不與之相應，也不去追逐或抗拒它。透過方法的運作，讓心安定、清明的作用，即「定慧一體」的本然性功能，愈來愈有力量且得以完整發揮，妄念就會慢慢沉靜下來。

課程中所教導的用功方法，包括數呼吸、隨呼吸至止，讓心處於一境，以及念佛念到一心不亂，通過方法的運作讓心保持正念，此時雖仍有妄念，但也會發現，妄念已漸漸不再影響、干擾我們。要知道妄念是長期的累積，是我們附加上去的東西，只要不再給予它力量，就會慢慢過去。

而離開禪堂回到日常生活，五根對外接觸各種五塵，諸位的工夫能否繼續保持呢？如果可以，就表示你看待五根接觸五塵時所顯現的各種現象，和打坐時所面對的妄念，兩者是一樣的，這樣在面對生活中紛呈的現象時，你就不會去追逐，也不會抗拒，而是能夠很安定、清楚地知道，當下發生了什麼事，並且能用方法妥善處理它。

諸惡莫作，眾善奉行

所謂「用方法」，一部分是指禪修的方法，即定慧一體的運作方式；再者是佛法所教導的日常生活行為軌範，簡單來說，就是「諸惡莫作，眾善奉行」。將持戒、布施做為日常生活的行為軌範，如果在實踐的當下，心能保持在安定、清明的狀態，也就是心本然性的功能得以發揮、運作，做事的同時其實就是在禪修。

日常生活中，與他人互動，行為上一定要有所持守，否則很容易傷害到別人。而在傷害別人的的同時，其實也是在傷害自己，這是因果，因果一定是對等的，所以必須守好自己的行為。如此一來，在保護自己的同時，也保護了別人，也就能減少自己與他人的苦惱，這就是悲心。悲即拔苦，能把自己和他人的苦都拔掉。

再者，若有能力，就要多行布施。布施可分為很多方面，如錢財、精神、心理、知識、佛法等各種布施，包括在與他人互動時，散發出自己的善意與溫暖，這也是一種布施。諸位在行布施時，是否有讓他人覺得快樂呢？而在他人快樂的時候，我們自己是否也感到快樂呢？當我們本身帶著喜樂，就可以和他人分享這份喜樂，這就是慈心。慈能予樂，也就是能帶給別人快樂。

在生活中持戒與布施，也要讓心保持在安定、清明的狀態中，並且通過佛法的指導，清楚自己會和許多人相處、互動，所以必須守好自己的戒行，並和他人分享喜樂，如此就是把慈悲精神化為行動落實於生活，這樣的持戒與布施，就是一種禪修。若能將禪修與慈悲結合，我們對於如何行慈悲，就會有更深層、更具智慧的作法。

其實，凡學佛人都知道「諸惡莫作，眾善奉行」，也知道只要不作惡，就沒有惡報，多行善，就能得到多一些善報、福業，但學佛人若只停留在這種很表層的因果觀念實在可惜，一來太淺了，再者也容易引發煩惱。很多學佛人受了戒後，總是看別人的錯處，常常產生強烈的抗拒心理。例如看到有人打死一隻蚊子，就立刻從戒的角度衡量這個人，因而產生強烈反感，這就是一種抗拒的心理，讓人生起煩惱。當然我們可以說這位受戒的學佛人是善知識，因為他提醒我們「打蚊子是犯戒」，日後我們在他面前看到蚊子，就不敢輕舉妄動，這對我們來說確實是一種進步——但只限於在他面前才有的進步，如果他沒看到，我們一樣照打不誤，像這樣的一種持戒，就失去了深層的意義。

至於布施，許多人會在行布施的同時，希望為自己的行為加上附加價值。舉例來說，看到貧病交加的弱勢者，有人基於同情心而捐錢，但在捐錢的同時，還請來記者拍照報導，甚至把新聞照片剪下來裱框，擺在家裡以資紀念，這樣的行為即摻雜了染著與煩惱心。

事實上，止惡行善原本就是日常生活中一定要做的事，但在止惡行善的同時，我們是否有將禪修的工夫用上去呢？若能做到，這樣的止惡行善就不僅僅是表面工夫，而是與佛法「八正道」相應的正道行為，因為在行動的當下，我們還加入了定與慧，所以不只是由於遵循佛法的指導，而是在行為上知所應為與有所不為，更重要的是，還運用了更深一層「知境起意」的心理，來落實止惡行善。具體來說，打坐時面對妄念的顯現，我們是發揮心安定、清明的本然性功能，讓心安住、不被干擾，於此同時，還能讓妄念生起而後滅去，這就是做到了生滅、滅已，且滅了之後不再生起，這就是寂滅。若能將此境界從打坐延伸至日常生活，就能達到更深層的解脫。我們現在或許還無法做得很好，但請記住，在種種止惡行善的行為運作之時，一定要保持心的安定與清明，這就是將禪修的基本原則，運用在生活中。

日常情境的禪修考驗

其實，平日與他人的相處、互動，和禪修時所面對的妄念，兩者有其共通性。禪修中，面對自己心中覺察到的種種妄念，我們知道它們是長期累積的慣性與煩惱，早在來禪修之前，即已含藏在我們內心某個角落，待禪修到一個程度，這些妄念就浮現了。浮現出來是件好事，讓我們知道自己原來心裡還有這樣的煩惱。知道了之後，不須抗拒它，只要保持安定，就不會受其干擾。此外，要保持心的清明，看清楚這些妄念的生起，不抗拒也不追逐，慢慢地這些妄念的作用就會減輕。或許日後打坐時，這些妄念還會浮現，這表示我們沒有完全將它放下，所以心和這些妄念仍保持著藕斷絲連的狀態，但因為妄念浮現時，我們回到了方法，不論是用念佛、觀呼吸，或是其他觀想的法門，只要方法用上了，這些狀況就會過去，隨著用功益加得力，我們的負面慣性、煩惱與情緒也會愈來愈少，心也隨之更加清淨。

同樣地，日常生活中與他人相處時顯現的各種現象，其中難免有些不好的、甚至是非常惡劣的互動。當這些負面的相處狀況出現時，我們的心能否保持安定與清明？假設這些狀況對我們造成了衝擊，能否回到方法上？方法還在嗎？用呼吸法的同學，在類似的狀況下，呼吸一定會變得粗重，這是在提醒你，你的身體緊繃了。身體緊繃，心理必然也緊繃，就會出現許多負面的情緒，此時就要調整呼吸。做幾個深呼吸，然後數呼吸，用方法把呼吸調整回正常的、自然的狀態，這時會發現，緊繃的身體和負面的情緒，慢慢地緩和下來了，爾後再來面對當前的負面互動狀況，就能把事處理得妥善些。

至於念佛的同學，面對負面情形時，就把佛號提起來；即便不是用念佛方法的同學，念佛方法同樣適用。相較於呼吸法可對治散亂心，念佛對治的則是多障，所謂「多障眾生念佛觀」，當種種業障、報障、煩惱障顯現之時，我們只要知道有障礙出現了，這時就可以回到佛號上。至於有的人能把佛號用得很好，那是因為在止靜用功時，有把方法用上。其實不只念佛，其他的禪修法門亦然，止靜時好好用功，平時也經常保持念佛、觀呼吸或其他觀想方法，這就是把禪修工夫，融入日常生活中運作，由此可見，禪堂內外的用功，兩者實則是一脈相承，相互貫通的。

所以同學們可自我檢視，在日常生活中，能否時時保持禪修的狀態呢？除了每日定時、定量的靜態用功，在動態中，也要盡量練習方法，並懷抱著善意，散發我們的慈悲心，讓禪修工夫直接在日常生活中運作。

禪修期間，諸位可以先將這樣的運作原則記下來，待解七後，再於生活中練習。若生活中的練習能夠發揮得很好，妄念就能得到抒放，至於在止靜練習時，妄念還能抒放得更快些，這麼一來，妄念不再累積、推動、加重，其所構成的障礙就會愈來愈少，日後我們帶著這樣的身心狀態來禪修，工夫就能用得很好，屆時若有更好的因緣，就能夠用上觀想乃至更深入的方法，持續進步下去，解脫何須等「驢年」，而是指日可待了。

解脫自在的人生

我們要把整體的生活，融為一個禪修的生活。而在現實的生活情境，要用上禪修方法並不容易，在心態上，也會覺得日常生活與禪修就是有段距離。因此，要把禪修的具體方法運用在日常生活，最好每天都安排固定的時間打坐。即便如此，日常生活與禪修期間的生活，不論從形式或作息安排，兩者都不可能完全相同，現實生活面對的問題和禪修所面對的問題，在事相上也確實不同，所以感到兩者有隔閡且不易貫通，這樣的心理是很正常的。

禪修是生命的全部

這樣的心理雖屬正常，還是必須讓日常生活持續保持禪修的狀態，如此禪修工夫方能貫通。因為一個真正開悟解脫的人，其整體生活就是禪修的生活，禪修不會僅是生活的一部分，而是生命的全部。儘管我們現在在事相上無法做到，但一定要把握好這個原則，日常生活要時時保持定慧一體（默照）的狀態，如此一來，我們就是在生活中練習方法。

但是我們仍需要一個具體的方法、基本的工夫運作，來幫助我們慢慢體會如何將禪修融入生活，久而久之，就能不斷提起和保持「默照同時」這一正念，來應對生活中複雜的人際相處與互動。這時的「默照同時」已不是一個有具體形式的禪坐方法，而是一個時時展現於生活的正念原則，我們如果能保持這個原則並將之落實，整體日常生活就能處在禪修的狀態裡。

中國禪宗之所以殊勝，正是因為其方法運作並非僅在禪堂內用功，而是把握「默照同時」的原則，禪修者若能活用這個原則，即使在日常生活中，也能夠持續保持禪修的狀態，如此一來，不論和任何人相處、處理任何一件事，乃至生活中的任何一個時刻，都是在用功的狀態中。

既然「默照同時」的原則如此重要，那麼大家在此用功時，同樣不離此原則，所以就要提起專注與覺照，好好用功。專注與覺照，這兩個功能是心本然性的作用，如果能完全發揮，就是定慧一體。只是多數時候，我們的身心並非處在這樣的狀態下，相反地，身心通常是散亂的。這兩個功能雖然有時會某種程度地相融在一起運作，但大多數狀況下，會發現它們很容易被分開。

不為煩惱所迷惑

所謂的安定，指的是一種無貪、無瞋的狀態，一旦起了貪、瞋，心就不安定了，因為這時我們會追逐或抗拒這些引發貪、瞋的妄念與外境。貪與瞋實際上是一體兩面的運作，當人對外境有了執著，也就是「我」對「我所」有了執著，「我」與「我所」便形成了對立，一旦能與所之間產生了對立，心不是追逐它就是抗拒它，這就是貪與瞋的根本運作模式，心在這種狀態下，一定是不安定的。此外，失去了覺照，人就處在癡的狀態。由此可知，人只要失去了安定與覺照，就會陷入根本煩惱「貪、瞋、癡」的迷惑。

癡屬於理智上的迷惑，貪、瞋則是感性和情緒的迷惑。迷惑並非完全不清楚，而是指人在某些情境下，心失去了能夠主導、自在的狀態。以貪、瞋來說，人只要處在追逐或排斥的過程中，心一定是不由自主、被妄念與外境帶著團團轉。至於癡，則是一種昏昧、看不清楚的狀態。若在這種狀態下做決定，可能就要出問題了。所謂的「看不清楚」，有時是當下的因緣看不清楚，有時是前後的因緣看不清楚，前者是空間中顯現的現象，後者則指時間上的前後相續。很多事無論在空間或時間，都超過了我們所能見的範圍，這時心因為看不清楚因緣，就會產生迷惑。事實上，我們所能見到的緣起現象，一定都是片面、不完整的，但往往會以為自己看到的已是最完整的事物面貌，而依己見再做出種種判斷，所以很多判斷就可能產生偏差，甚至是錯誤的。

還有一種錯誤的知見，會導致我們做出錯誤的判斷，例如常見、我見，相對於佛法所謂的無常、無我，前者就是一種觀念上、認知上的錯誤見解。當我們接觸到外境，或是面對自己的身心運作，若是抱持錯誤的知見，就可能會做出錯誤的判斷與行為，而這些行為也必然導致「後有」的種種後果顯現。

我們在用功的過程中，透過實際面對身心的各種狀態，更深入地了解妄念的運作過程，就會發現自己其實常常是落在貪、瞋、癡的狀態裡；但另一方面，我們的心又有其本然性的功能，即無貪、無瞋、無癡，了解這一點，就要讓心的本然性功能發揮作用，如此一來，心就不會處在迷惑的狀態，也就不會被各種妄念及煩惱干擾。我們稱此不被迷惑干擾的狀態為定，無癡則是慧，也就是能夠見到緣起。

就時間、空間而言，緣起現象大都超出我們能見的範圍，但若是能了解緣起的法則，知道果報一定是從因緣而生，並了解其運作的次序，那麼即使沒有見到現象的完整性，還是能把握好法則的運作，而不致掉入錯誤的知見，產生錯誤的判斷與作為。

舉個簡單的例子，打坐時，身體出現了各種狀況，這時我們就該知道果從因生，會顯現出這些果報，一定有它的原因。只是在現象上，我們或許無法查到原因，但從理上，會知道必然是有因才有果，所以即使追逐不到原因，見不到這整個因果現象的完整性，但因為明白了果從因生的道理，所以我們從理智上就能接受現在所面對的果。

打坐時常常要面對腿痛，如果有一處總是特別疼痛，當我們追究發生原因，可能會回想到小時候曾經扭傷腿過，以致現在一打坐，這個潛伏性的隱疾便顯現出來。知道了，就接受它，因為這是我們從前曾經發生過的事，所以現在必須面對這樣的結果。當然，也可能找不到原因，雖然事相上不明白，但我們從理上得知，果一定從因所生，所以現在的不舒服，一定有其原因，只要明白這個道理，就不會因為抗拒這個現象而起瞋心。

同理，打坐時有了好的覺受，也不追逐它，因為知道之所以能坐得好，必有其因緣。接著更深細地看因緣法則的運作，便能了解隨著因緣生、因緣滅，此生滅無非是一個是無常、流動的過程，有了這層理解，就能拔除心理上的刺，特別是對那些惡果報的抗拒。至於好的果報，也無須追逐，因為此際現為好的果報，是因為從前種了善因，這些善因怎麼種下的呢？我們可能知道，也可能不知道，但確知的是，它是因緣生、因緣滅，處在無常變化的過程中。

了知所有的現象皆不停地流動，我們就不會停在一個點上，而能隨順因緣的流動，如此一來，我們在理性上就沒有了執著，在感性上也不會產生追逐或抗拒的心理，這就是「定慧一體」的運作。

回到心本然性的功能

你雖然現在還無法達到這樣深徹的體會，但可以先從理論下手，了解因緣法則，再結合方法的運作，藉此安頓身心。過程中，我們會逐漸放下對貪、瞋的追逐與抗拒，也愈來愈清楚當下的狀態，這樣就能慢慢解除貪、瞋、癡的擾亂。正是這根本煩惱，讓我們的身心不安、不自在，並呈現出種種的苦惱，現在我們在此修定、修慧，其實正是要回到心本然性的功能運作。

用方法時會發現，人在貪、瞋的衝動狀態，以及癡的不明狀態下，身心會不斷因迷惑而造業，造了業就會有果報，如此便形成了輪迴。所以我們現在要把身心收攝回來，首先要處理的就是身心的衝動不安，用方法對治散亂，讓心先安定下來。要注意的是，安定只是心本然性功能的一部分，假若安定沒有和覺照形成一體的作用，它就不完整了，這時即使能有看似不錯的定功，貪和瞋的煩惱習氣也沒有起現行，但這很可能只是處在一種昏昧、不清楚的狀態，貪、瞋只是暫時被壓制了。最明顯的例子就是，有的同學打坐了很久，都沒有感到身體有什麼不舒服，或是痠痛等現象，好像達到某種程度的定，但其實他只是睡著了。此時的心，處在癡的狀態，所以既不會去追逐，也不會去抗拒，看似相當安定，但只要心醒覺了，痠痛、麻痺的感覺一襲來，心便要開始抗拒，於是又動亂了。

心的本然性功能，必須同時運作，如此才能做到清楚覺照的同時，心又是安定且不受干擾的，也就是無貪、無瞋、無癡的狀態。定與慧的作用必須一體運作（定慧一體），傳統禪法所謂的「止觀雙運」，和中國禪法所云的「默照同時」，指的都是心一體性的運作。當身心能夠達到此狀態，就能解除絕大部分的煩惱，只是要做到如此，我們的智慧必須深徹到得以見到緣起法則的本質，即無常、無我，也就是大乘佛教所謂的「空」，若智慧深徹至此，人就能完全地解脫。

我們用功即是以此為目標，所有的方法都是為了把定與慧的作用凝聚、統一，讓心本然的定慧一體功能，完整且自然地顯現。運作之初，面對身心顯現的各種問題，我們無法追究自己的身心，何以是當下這樣的一種狀態，但我們知道果必然從因所生，身心現象的顯現，是一種事相，這個事相必然是依理而運作，有其因緣，方能顯現為果。我們先在理論上做此理解，將之做為觀念與處事的依據，並形成知見，有了這樣的知見後，我們處事所做的判斷就會比較準確，後續採取的行動，產生的後遺症與副作用也會減少，直至智慧深徹到能夠直接見到緣起性空的法則，就能完全解脫。

順著因緣法則運作

一位完全證悟者，所有的身心行為都是順著因緣法則運作，即使出了靜，處理日常事務，身心仍能順著這個法則自然地運作。如此一來，他的所有思考與行為，就能完全符合當下的因緣，所做出的判斷、抉擇與行動，也是因為順著因緣而行，所以不會有後有。佛教中，凡解脫的聖者都是「不受後有」，也就是不會再有後遺症。

相較於完全證悟者，其身心運作皆是自然而發，我們現階段還得倚賴正知見的提醒，發生任何事時，都要循著正見提起正念，藉著正念的保護，使我們不致做出錯誤的判斷與行為，以減少後遺症。此外，佛法還有些戒律與條文，例如「諸惡莫作」，我們就要持守這個戒律；「眾善奉行」，我們就要經常去行善，這些都是為還在修行的過程中的人們所施設的行為準則。

回頭來談日常生活中的禪修，我們的心也要經常處在用功的狀態，即是保持在定慧同時的方法運作上。所以請觀察自己，不論你用的是什麼方法，定慧的功能是否有同時運作呢？觀呼吸的同學，觀察自己的呼吸時，要很清楚、很專注地在自己的呼吸上，在專注呼吸的同時，也要清楚覺知到自己能觀的心與所觀的呼吸。如果發現自己的工夫比較粗，可以加上數的方法，讓覺照的心更清楚，透過這樣用方法，就能慢慢凝聚專注與覺照的作用。

用方法時，要把握好方法的技巧、次第，及核心原則：提起專注與覺照的心。專注與覺照的作用並非外來的，而是心本然性的作用，現在只是藉著設計出種種方法，讓方法可以借用身根，讓專注與覺照的作用，在身根運作方法的過程發揮作用，讓這兩個作用逐漸地凝聚、統一。

我們都還處在修行的階段，所以需要透過不斷地練習方法，提起專注與覺照的心，直到不再需要提起方法，也不需要加上什麼念頭，這兩個作用就能夠自然地運作，心就是處在統一的狀態。只是這種統一的狀態，仍是偏在定的工夫上，待慧的作用照見五蘊皆空，即照見五蘊緣起的所有事相本性皆空，這樣就是開悟，此時定慧的功能就能完全發揮，任運自然了。

在開悟之前，我們都需要透過方法來用功。至於日常生活中的方法，則需要加上一些戒律、條文的設定，幫助我們把定慧的作用和行為（諸惡莫作、眾善奉行）結合，讓我們在生活中止惡行善之時，也能保持在禪修的狀態中，直至這一切都能在任運自然的狀態下發揮，就不須特別安排任何的戒律與條文。所以，解脫的聖者不用守戒，因為他們已不再犯戒。孔子說七十歲後即可「從心所欲」，心裡想做什麼就做什麼，之所以能如此，是因為「不踰矩」，人不會踰越規矩，也就不會犯錯，而這正是聖者的狀態。

聖者已無須刻意用戒律來止惡，但很多人誤以為禪修開悟者都不守戒，其實他們不是不守戒，而是無戒可守，因為他們已不再犯戒。聲聞佛教認為證入初果，便是解脫的聖人，這些聖人在日常生活中，是不會犯錯的，更遑論犯下五戒，所以對他們來說，守戒與否根本算不上一件事，但有些禪修者卻從字面上誤解了，以致只有一、兩分工夫，就想要「從心所欲」，這樣的欲，一定是煩惱與雜染的欲。

完全自在的聖者生活

反觀聖者，他們的生活則完全是隨順因緣，所以一切的惡行皆不生起。儘管他們仍有未清理乾淨的習氣，但不會順著習氣造作惡業，所以一切行為、與人互動，以及運行任何善法，都不摻雜任何的刻意，而是全然順著因緣，該做什麼，就自然地做。至於他們的心，一定是處在「中道」的狀態。所謂「行正道」，其實就是「行中道」，聖者在日常生活中的一切應對，完全是隨順因緣地運作，他們面對所有的外境，一定是恰到好處地回應，也因此不會產生「後有」的狀態，當解脫的聖者達致這樣的程度時，他們的生活就是完全自在的。

所以，經典中描寫解脫的聖者，他們過的一定是一種解脫、自在的生活。也因為他們沒有什麼特別想要做的事，反而能隨順因緣地做好每一件事。如果我們有幸遇到這樣的善知識，便會發現他們會毫無保留地將其所知教導予一切有緣眾生。當然，如果我們的程度尚淺，教導會淺一點；程度深，就教得深一些；已接近開悟的程度，則用方法讓人得到開悟的體驗。大致來說，中國的禪師都是如此運作的，他們因能觀機逗教，方法與技巧就能無限發揮。

定慧為體，慈悲為用

一位開悟的修行人，他在日常生活中顯現的，除了輕安、自在與解脫的狀態，也會幫助別人、度化眾生。只是他們行度化之時，並沒有刻意安排，所顯現的一切行為都是隨緣而為。換句話說，你來找他，他就教你，你不來找他，他也不會主動來找你；然而，從大乘佛教的角度來看，這樣的態度，似乎少了點什麼。我們看佛陀的一生，所顯現的精神是：我覺悟了，並且我要把這覺悟的理論、法則與方法，與更多的眾生分享。因此，佛陀在教導與弘化上，都是更積極且主動的，大乘佛教將這樣的行為稱為「菩薩道」。由此可見，大乘佛教除了本身解脫自在，還要主動地度化眾生，所以在止惡行善的世間作為上，會更加積極地推廣與施設，這就是行菩薩道，也就是我們常提到的「慈悲心」，至於慈悲的心智，則必然與智慧一體，用「體／用」的作用來解釋，所謂「定慧為體，慈悲為用」，此即大乘菩薩道。

所以，大乘佛教的修行人，除要練習禪修的方法，行持上也要落實止惡行善，即是展現慈悲的行為。既然我們在此修學的是大乘佛法，那就要將兩者貫通，一方面，要修定修慧；另一方面，要在日常生活行慈悲心。當然，假如有同學比較想學解脫、聲聞佛法，那也不成問題，仍可在修定、修慧過程讓自己解脫，至於解脫了之後，是否可以主動、積極地幫助別人，那就完全視乎你個人的意願。

雖然傳統佛教並不強調慈悲心與菩薩道，而是偏重個人的解脫，但實際上，我們看這些依法、依理教而修的聖者，他們也是很主動、積極地在推廣佛法，只要遇緣，做起事來也是盡心盡力而為；擴大到僧團的運作，也是如此。南傳佛教雖然所依據的教理屬於原始佛教傳統，所以不強調菩薩行，也不像大乘佛教特意強調佛陀的菩薩行持，但他們的所有行為，仍顯現出很明顯的菩薩行持，儘管他們隨順因緣，但因為本身積極用功，所以自然而然地也很積極推廣佛法。

反觀大乘佛教的修行者，是依循佛陀的教學，而把佛陀當時度眾生的菩提心，顯現為菩薩的行為，這也是慈悲心的實踐。當我們落實大乘佛法的教導時，應該要依據更深、更清楚的教理精神，當一位大乘行者據此修行且有所成就，我們看他所做的事，其實同樣沒什麼刻意的設計與安排，也是隨順因緣，便把該做的事一樁樁地做好。我們從中可了解想把禪修的道理與方法應用到日常生活，關鍵就在於要把生命本具的作用，融為一體且徹底地發揮，因為生命是一體的、生活是一體的。

假若只把這些本具的功能做局部的運作，當然也有作用，因為一個局部功能若能運用得好，它會慢慢影響到其他部分，最後現行為一個整體，至此，禪修方法的運作即告完成。對我們來說，現在尚無法做到整體的運作，也還需要不斷提醒自己用功，換句話說，這些本具功能還無法很自然地運作，就表示我們仍在修行的過程中。處在這個階段的我們，仍會受到日常生活顯現的各種雜染現象的干擾，所以需要更好、更安定的方法來幫助我們，那就得回到禪堂用功，在禪堂內把方法用得更深、更穩定後，再把這個愈用愈熟練的方法，於日常生活中持續運作、落實。

大家參加精進禪修，是要練習更好地用方法，於此同時，我們不能忽略生活中必須面對的各種問題，這兩者一定要貫通起來。禪修時覺察內在妄念的運作，要清楚知道這個妄念的運作，和日常生活應對外塵而有的種種雜染現象，兩者的基本性質相同，差別只在於前者是內層的作用，後者則有外在與中介，雖然它們顯現的樣態不同，但面對的問題，本質上是相同的。

妄念全來自生活累積

即便是在禪堂用功，我們仍是在面對日常生活累積的問題，因為內在作用所顯現的妄念，全都來自生活中的累積。如果禪修時，你能將內在的妄念處理得宜，那麼接下來就要把它運用於日常生活，因為這兩者的性質是一樣的，若能在禪修時用方法應對、清理你的妄念，你就能把這個方法應用於生活中，處理種種雜染的問題，如此一來，禪修與生活便貫通了，就能在日常生活隨順因緣地持續練習方法，從需要方法到用方法，方法愈用愈純熟，直到熟能生巧，最後達致完全證入的程度，就能任運自然了。

回到我們現有的身心狀態來看，在禪堂內好好用功，再把這用好的工夫延伸到日常生活，持續地練習、運作，藉此幫助我們處理種種雜染的外境，減輕一些不必要的煩惱，並避免後續可能的干擾，漸漸地身心就會愈來愈放鬆、調和。爾後，再帶著放鬆、調和的心進入禪堂，密集且專注地練習方法，便會發現，你不需要補眠了，也不需要處理身體各種痠痛、痲癢的問題，就能減少由此衍生的各種妄念，工夫就能用得更深、更好。一旦工夫用得深，照（慧）的作用就能發揮得更好，直至頓悟空性，即證得解脫。

解脫是禪修的終極目標，但我們現在還不需想得那麼遠，要在參與禪修課程與現實生活中，持續練習把方法用好，如此便能形成一個良好的循環，一方面禪修時，工夫用得愈來愈純熟，接著將工夫應用到日常生活，日後再來參加禪修課程時，工夫就發揮更大的作用，如此運作下去，待因緣成熟時，終極目標便能自然地水到渠成。

我們現在用功修行的每一分工夫、每一次的方法練習，都是有用的。理解了這一點，無論在禪修課程或日常生活裡，都會很有信心地持續練習方法，因為知道每一分可用上方法的因緣，都在促成我們接近、達成開悟解脫的終極目標。

工夫成片

禪期即將結束，大家是否已開始安排下回的禪修呢？有的同學可能已安排好下一梯，有的同學則預定明年再來，也可能有些同學把這次當作最後一次，以後不敢再來了。

同學們各有不同的安排，但我想大部分的同學，應該都會再來參加禪修的。只是什麼時候再來，不知道；來不來得了，也不知道，畢竟生命就在呼吸之間，若一口氣呼出去吸不回來，那就無法再見了。

我們最後再整體溫習一次禪修流程，熟悉運作方法。「二十五方便」中的「調五事」，包括調飲食、調睡眠、調身、調息、調心。「調五事」先談日常生活的兩件大事——吃飯、睡覺，之後再講禪修用功的調身、調息、調心。這麼看來，似乎吃飯、睡覺還比禪修重要。其實依其重要性次第，應是先調心、調息、調身，而身體要調好，就必然談到日常生活的調飲食、調睡眠。

在二十五方便的指導裡，提出一個很重要的觀念「三時調三事」，三事是調心、調息、調身，三時則是將打坐的時間分為三個階段。第一階段是入靜，逐漸進入到止靜的工夫；第二階段即止靜的狀態；第三階段是出靜，從靜中慢慢恢復到動的狀態。

「三時」在天台止觀的教學裡，將其列為重要的部分，而且不僅是正修用功時的「止靜」重要，「入靜」的過程也很重要。

「入靜」是正式用功前的準備工夫。設想各位打坐的每一支香，如果進禪堂時都是匆匆忙忙，就得花很長的時間才能將身心調伏，所以入靜的過程，會透過一些施設讓各位逐漸進入一種平和的狀態。例如一進入禪堂，先要在門口問訊，再慢慢地走到各自的位子，行走的過程也會規畫適當的路線，讓每個人都順著路線走，就不會發生和同學迎面擦身相撞的情形。這些看似小細節的安排，其實都有作用的，設想若大家都是橫衝直撞、隨心所欲地亂走，彼此間就很容易互相干擾，透過事先的路線安排，就能避免這類問題。

禪修處即是成佛道場

順著路線來到自己位子後，要先禮佛三拜，此時即是在動態中開始調入工夫。禮佛三拜後，還要向自己的坐墊問訊，用意即是以感恩的心，面對我們的坐墊、蒲團與座位，要知道，各位如果能在這回的禪期中成佛，那麼這個座位就是你成佛的道場。很多佛教徒大老遠跑到印度菩提迦耶，在一棵菩提樹下對著一個座位禮拜，因為那個座位是佛陀成佛的道場，同理，我們現在要開悟成佛，這個座位就是我們用功的空間與成佛的道場，所以對於這個座位，我們要非常感恩。

通過上述的過程，即已不斷地在收攝我們的心，所以坐下來時，心就已經完全收攝到身體裡，然後再觀照身體，慢慢地審查身體的每個部位是否都已調好，此即進入到調身的工夫。於此過程中，呼吸也逐漸調和，同時全身放鬆，此即進入到止靜的狀態。

從入靜到止靜，其實也開始不斷地在調心，入靜時首先是從身體調和起，接著調呼吸，再進入到調心的工夫。一旦進入調心工夫，即是住在止靜的狀態。止靜是以調心工夫為主，提醒自己把方法提起來，依此方法做為我們的正念。

止靜用功時，除了方法，一切或善或惡的念頭，乃至與佛法有關的義理，通通都要放下，視為妄念來處理，唯一的正念只有方法。這時的用功重點在於調身與調心，而在調和身心的過程，其實也在調呼吸，至於用呼吸方法的同學，則首先要把呼吸調和好。

從調心的過程，能得知身體的狀況。假如身體在止靜狀態下沒有什麼問題，那麼調心時也能繼續放鬆身體；假若身體出現一些狀況，例如疲累或各種不舒服的觸覺，這時就需要觀察它，透過觀察若發現身體仍需要調和，那麼調心工夫可以暫時放下，先回來調身體。

用呼吸方法的同學，假使發現還有些微控制呼吸的狀況，也可暫時放下方法，先回來調呼吸。但不論調身體或調呼吸，重點仍在於調心的工夫，如此用功一段時間，身心持續地收攝，讓專注與覺照的作用不斷凝聚，慢慢地，心就能達到一定程度的安定。

每一支香、每一次練習方法，無論工夫是否用得好，都能讓身體、呼吸和心逐漸安定下來。心雖處於一定程度的安定，感覺自己已對治了一些妄念與煩惱，但除非達致一心，否則妄念與煩惱仍會一層一層地顯現。心有很多層次，用功到了某一個層次後，與此層次相應的業報就會現前，妄念也會再度出現，所以需要透過一次一次地入靜、調和，止靜、收攝，逐漸達到一心，於此過程需要在適當的時間出靜，讓身心得以平衡、放鬆。

初學同學的止靜時間不能太長，否則容易導致身心的煩躁、緊繃。尤其當工夫用不好時，身心容易愈繃愈緊，所以用功一段適當的時間後，一定要出靜。在禪修課程的安排上，會考量同學的整體程度，斟酌一支香的時間長短，初學的時間短，程度愈高時間就愈長，而同一課程中，前期的時間較短，隨著持續用方法，會把一支香的時間漸漸拉長，但無論如何，只要時間一到，就一定要出靜。

很多人都忽略了從止靜到出靜的過程，其實這個部分非常重要。因為不論工夫用得好不好，只要我們有在練習方法，當下的身心一定會比平時更細、更安定，所以要讓身心從這樣的狀態恢復到平常的狀態，就需要透過一個程序，這個程序有時甚至比入靜還重要，可是很多人都忽略這個部分。

從靜到動的過程，就是讓心從一個比較細且安定的狀態，恢復到動態。所謂的動態，不是讓心又回到散亂的狀態，而是仍能保持一定的安定，所以需要一個由靜到動的程序。入靜的次第是調身、調息、調心；止靜則以調心為主，此時可根據身心的狀況回頭來調息或調身；至於出靜的次第，則為調心、調息、調身，簡單來說，就是從細慢慢地回到粗，從靜慢慢地回到動。

出靜的程序如果沒做好，很快從細跳到粗，身體可能會感到不舒服，心也容易很快鬆散。所以止靜用功時，感到自己需要出靜了，那就按照出靜的次第，先把方法放下。

用呼吸方法的同學，把觀呼吸、數呼吸的方法放下，念佛的同學，也把念佛的方法放下；放下方法後，用心去覺照自己的全身，感覺身體慢慢地從安靜的狀態，回復到平時的動態；再來要調呼吸，一般會做三次深呼吸。三是個概數，總之就是要做幾個很細、很深的呼吸，過程中，要慢慢地吸氣、吐氣。因為用方法時，呼吸會比平時更細，有的同學工夫用得很好，他們的呼吸甚至非常地微弱、細微，如果一下子將呼吸調回到和平時一樣粗糙的狀態，會感到不舒服，所以先做幾個深呼吸，讓呼吸調回到平常的狀態，接著再動動身體，進入到調身的次第。

調身的方法，除了擺動身體，最後一個程序就是按摩。按摩非常重要，如果打坐坐得不好，出靜時的按摩就要做好。因為坐得不好，表示身體在止靜狀態的調和過程中，有許多地方阻塞不通，不通處會有氣滯留，所以出靜時必須藉由按摩，讓這些滯淤的氣散開。假如是匆匆忙忙地出靜，待下一支香開始了，很可能你都沒開始練習方法，上一支香滯淤身體的氣，就會讓你感到不舒服，到了晚上氣仍然散不開，覺也一定睡得不好。

即便你現在用功時的身心狀態尚粗，但隨著持續用方法，對方法愈來愈熟悉後，慢慢地就能把工夫用得很好，用得既深且細。於此過程中，出靜的程序也持續運作，待工夫達到愈發深細的程度，此時出靜程序的運作，也會習慣成自然。但假若出靜程序沒有在初階用功時好好地運作，這時從止靜到出靜，就有可能會感到出不來了，這是因為對出靜程序不熟悉，過往是因為工夫尚未用得很好，所以每次匆匆忙忙跳出來，也不覺得有什麼問題，但隨著工夫得力，這時想用跳的就跳不出來了，還會感到非常難受，由此可知出靜程序的重要，所以在此也特別提醒大家，用功時一定要把入靜、止靜、出靜三時的每個次序，都確實地調好。

其實，一天中的每一段時間，都是在用功，都有入靜、止靜、出靜的過程。例如禪修期間，一早起來打坐，此即入靜；接下來一整天都在用功，此即止靜；到了晚上回寮房休息，此即出靜。三時涵蓋了一整天的時間，而一天之中，又可分為若干個時段，每個時段也都有入靜、止靜、出靜的過程。例如早上的香一直到吃早齋時，就要出靜了，用過齋後開始的各種勞作，是在出靜的狀態下進行。上午的時段如此，中午、下午、晚上時段亦然，都有入靜、止靜、出靜的過程。

大家看來都很歡喜，因為你們今天就要出靜了。出什麼靜呢？出這一個禪期的靜。過去七天，大家在禪期中，就是在止靜用功，今天就是解七的日子，有的人一跳出去跳得太快，出靜的程序沒有運作好，一解散心就散了。很多同學在此用功一個星期，卻在一個鐘頭的時間裡，把全部的工夫都散失殆盡，這種情形我們已屢見不鮮。解七就不用再禁語，有的同學便開始開心地嘻笑，想把七天沒講的話通通講完，假如你是這樣的同學，便會發現你上一支香明明還坐得挺好，但一解七工夫就全部散失，所以請務必留意。

真正的考試

出靜後到下一回的入靜，其實正是我們的考試，測驗在止靜用功時，工夫是否有用好。假如止靜的工夫用得很好，出靜時仍順著三時的程序運作，心就會有一種力量，一直把我們帶進禪堂裡；相反地，如果出靜後，除了喝水洗手，還在外頭兜轉，盡量拖時間晚點進禪堂，那就是工夫沒用好，心一直被外境拉住，喝一口水、上個洗手間，十幾二十分鐘都還進不了禪堂，如果工夫用得好，其實這些事三、五分鐘就可處理完，就能進禪堂用功了。

出靜的時間，即是工夫的測驗，如果出靜後，心還有力量一直要把我們拉進禪堂，那就表示工夫有持續保持。也因此可以想見，大出靜（解七）後的這段時間，確實是一個非常大的考驗，很多人就是在這段期間，工夫都散失掉了；但也有很多人仍能將止靜時的工夫持續地保持，日常生活只要出現了問題，就能將方法提起，把問題妥善處理。像這樣的同學就能在比較短的時間內，安排好再進禪堂來打坐用功，即便現實狀況不允許，每天也一定會在日常作息裡，定時、定量地用功。

由此可知，從出靜到下一回入靜這段時間，非常關鍵。如果你的止靜工夫用得很好，出靜後，會很快就想回到禪堂進到入靜的狀態。也因此，出靜時的程序運作很重要，如果運作得好，從靜慢慢調到動，從比較細的狀態，調回到日常生活狀態，這段過程本身就是在用功，換句話說，從禪修狀態通過出靜調回到日常生活，這整個程序都是連貫的，把握好這一點，你在日常生活中就能持續用功。

這個連貫性、整體性的觀念很重要。其實天台止觀的教學，即已圓滿涵蓋了禪修的整體性，歷代祖師在各自修行的過程中，對此也有很深的體悟，從而建構出既全面且完整的教理體系，讓我們現在有這樣的福報，可以不斷吸收祖師們留下來的智慧。

其實漢傳佛教的禪法系統非常完整，次第也非常清楚，只是過去曾被忽略了這個部分，但現今這個時代隨著科技的發達，過往的諸多經典都可以很便利地閱讀，雖然無法馬上契入經典的境界，但只要我們本身有意願學習，再加上善知識的指導，就能在學習的過程中，不斷地汲取祖師們的智慧，並實踐於日常生活。

漢傳禪法的完整、豐富與深邃，如今我們都有因緣學習到，當然要更好地去把握它、應用它。因為有祖師們的智慧分享與引導，讓我們能在佛法的正道上修得更好，並相信開悟解脫是每個人都做得到的，只要具有這樣的信心與福德因緣，修行一定能圓滿成就。

在生活中保持好工夫

希望大家出靜之後，在下一次入靜前，務必保持好自己的工夫。若能如此，那麼下一回進禪堂，你會發現自己很順利地就能入靜，同時每一支香的止靜、出靜，過程中進行喝水、洗手等瑣事的同時，工夫都能持續保持，進入禪堂用功時，能一支香銜接著一支香，不中斷工夫，這麼一來，整個禪期你都能把工夫用得很好，乃至能在日常生活中繼續用功。

解七也可說是一種解放，回去後，大家就要解脫了。這句話的意思是，大家回到各自的日常生活後，就要在生活中練習把煩惱放下，讓自己解脫，不要再招惹那麼多的問題，那麼下一支香，當你再進到禪堂來用功，方法就會用得更順心。

禪期結束前，照例有紀念品跟大家結緣，這次是我手繪的圓。一個圓，我們可以賦予它很多不同的意義，至於在禪宗裡，圓象徵圓滿、圓融、圓悟，都與禪修及開悟有關。

其實中國佛教的最高境界，正是圓融的境界，即事事無礙、法界圓融的境界。反觀印度佛教，他們不談圓融，只談了義與不了義。所以他們有很多辯論，透過辯論區判出哪些說法了義，哪些說法不了義。中國佛教則非如此，講究的是圓融，觀諸天台、華嚴二宗的哲學架構，因為非常完整，所以這個架構本身就像個架子，各種佛典在這個架子裡，都能找到合適的位子擺放，而這個架子的最高層，即是圓教。

由此可知，中國佛教本身，即涵蓋了整體佛教的內容，也因此我們不用像印度佛教，得透過辯論區判了義與否，同時也彰顯了中國佛教講究圓融的特色。

圓融既為中國佛教的特色，所以中國禪宗很歡喜使用圓這個象徵。至於我畫的圓，我並沒把它連起來，意指大家的修行還有缺口，還不夠圓滿，所以仍得要好好用功，直到把這個缺口接起來，成為一個完整的圓，這樣就是一個圓融、圓滿的修行了。祝福大家法喜充滿、智慧增長，也迴向眾生，願以此功德，普及於一切，眾生與我等，皆共成佛道。

（二〇一九年一月五日至十二日法鼓山僧眾精進禪七開示，講於法鼓山園區禪堂）

智慧人 47

禪式生活

The Chan Way of Life

著者	釋繼程
出版	法鼓文化
總監	釋果賢
總編輯	陳重光
編輯	張晴、林文理
封面設計	化外設計
內頁美編	小工
地址	臺北市北投區公館路186號5樓
電話	(02)2893-4646
傳真	(02)2896-0731
網址	http://www.ddc.com.tw
E-mail	market@ddc.com.tw
讀者服務專線	(02)2896-1600
初版一刷	2022年8月
建議售價	新臺幣320元
郵撥帳號	50013371
戶名	財團法人法鼓山文教基金會—法鼓文化
北美經銷處	紐約東初禪寺 Chan Meditation Center (New York, USA) Tel: (718)592-6593 E-mail: chancenter@gmail.com

法鼓文化

國家圖書館出版品預行編目資料

禪式生活 / 釋繼程著. -- 初版. -- 臺北市 : 法鼓文化, 2022.08
面； 公分
ISBN 978-957-598-960-6 (平裝)
1.CST: 佛教修持 2.CST: 禪定
225.7 111007962